Os Contos dos Blythes Vol. 2

Os Contos dos Blythes Vol. 2

LUCY MAUD MONTGOMERY

Tradução
Thalita Uba

Ciranda Cultural

© 2020 Ciranda Cultural Editora e Distribuidora Ltda.

Texto
Lucy Maud Montgomery

Tradução
Thalita Uba

Preparação
Fernanda R. Braga Simon

Revisão
Mariana Góis
Adriane Gozzo

Produção editorial e projeto gráfico
Ciranda Cultural

Ilustração de capa
Beatriz Mayumi

Dados Internacionais de Catalogação na Publicação (CIP) de acordo com ISBD

M787c   Montgomery, Lucy Maud, 1874-1942

Os contos dos Blythes Vol. II / Lucy Maud Montgomery ; traduzido por Thalita Uba ; ilustrado por Beatriz Mayumi. - Jandira, SP : Ciranda Cultural, 2020.
112 p. ; 15,5cm x 22,6cm. – (Ciranda Jovem)

Inclui índice.
ISBN: 978-65-5500-467-0

1. Literatura infantojuvenil. 2. Literatura canadense. 3. Contos. I. Uba, Thalita. II. Mayumi, Beatriz. III. Título. IV. Série.

CDD 028.5
CDU 82-93

2020-2156

Elaborado por Vagner Rodolfo da Silva - CRB-8/9410

Índice para catálogo sistemático:
1.   Literatura infantojuvenil 028.5
2.   Literatura infantojuvenil 82-93

1ª edição em 2020
www.cirandacultural.com.br
Todos os direitos reservados.
Nenhuma parte desta publicação pode ser reproduzida, arquivada em sistema de busca ou transmitida por qualquer meio, seja ele eletrônico, fotocópia, gravação ou outros, sem prévia autorização do detentor dos direitos, e não pode circular encadernada ou encapada de maneira distinta daquela em que foi publicada, ou sem que as mesmas condições sejam impostas aos compradores subsequentes.

SUMÁRIO

Volume 2

Pós-guerra 7

Cuidado, irmão 9

Lá vem a noiva 27

Uma mulher comum 61

A estrada para o passado 95

PÓS-GUERRA

CUIDADO, IRMÃO

Nenhuma mudança havia ocorrido na residência Randebush, em Upper Glen, nos últimos quinze anos, desde que Nancy, amada esposa de Amos Randebush, falecera. Amos, seu irmão Timothy e Matilda Merry simplesmente seguiam a vida em paz e contentes. Ao menos Amos e Timothy viviam felizes. Se Matilda Merry, que contradizia como ninguém o significado de seu sobrenome, não vivia contente, a culpa era toda dela. Ela tinha um bom emprego como governanta e uma leve queixa de reumatismo crônico. Diziam que era uma mina de ouro para o doutor Gilbert Blythe. Amos lhe pagava uma remuneração justa e nunca reclamava quando seus biscoitos estavam murchos ou o assado passava do ponto. Às vezes, quando a observava sentada à ponta da mesa e comparava seus cabelos castanho-claros ralos e o semblante pessimista às tranças brilhantes e ao rosto rosado de Nancy, ele suspirava. Mas nunca dizia nada. Quanto ao reumatismo, uma mulher precisa ter do que falar.

Timothy era mais filosófico. Matilda o satisfazia plenamente. Nancy era bonita e boa dona de casa, mas, pela língua do gato, como era caxias com todas as regras! Era preciso limpar as solas das botas, raspando-as, antes de entrar em casa. Nem o ministro e o doutor Blythe escapavam. Amos por vezes se rebelara sob o comando dela, mesmo que agora só se lembrasse de suas qualidades. Era isso que as mulheres faziam com você, até depois de mortas. Timothy agradeceu às estrelas por nenhuma delas ter conseguido fisgá-lo. Não, obrigado! Sempre odiara todas em geral, à exceção da senhora Blythe, que tolerava, mas como detestava aquela Winkworth em particular! Covinhas, por Deus! Caras e bocas, ora essa! Cabelos cor de caramelo e olhos sedutores! Pela língua do gato! Será que alguém teria imaginado que Amos poderia ser tão tolo? Uma lição não era suficiente? Evidentemente, não, quando se é uma criatura sem colhões como Amos e se tem de lidar com uma diaba ardilosa, manipuladora, astuciosa e desesperada como aquela tal Winkworth! Mas alto lá! Amos podia ser impotente diante de seus fascínios, e a senhora Blythe podia estar dando um empurrãozinho. Ele não ouvira falar que ela gostava de bancar o cupido? Mas Amos tinha um irmão que o salvaria, apesar de não tê-lo feito por si mesmo.

A senhorita Alma Winkworth estava se hospedando com os Knapps, em Glen St. Mary. Eles haviam informado que ela trabalhava no Hillier's Beauty Shoppe, em Boston, tinha feito uma cirurgia e precisaria estender suas férias além das costumeiras duas semanas antes de voltar a trabalhar. Timothy não acreditava nem um pouquinho na tal cirurgia. Muito provavelmente, o doutor e a senhora Blythe estavam metidos na tramoia. Alma Winkworth não teria uma aparência tão deslumbrante se tivesse sido operada. Aquilo não passava de um jogo para conquistar empatia. Ela só havia ido a Glen St. Mary para tentar fisgar um homem e, por Deus, estava prestes a conseguir. E teria feito se ele, Timothy, não estragasse seus planos.

Eles a tinham visto pela primeira vez na igreja, sentada ao lado dos Blythes, no banco à sua frente... Maria Knapp nunca ia à igreja... Uma criatura sorridente, que parecia, a julgar pelos cabelos e pelo semblante, uma ótima garota-propaganda de uma loja de produtos de beleza. Na noite seguinte, ele fora até a casa dos Knapps; deu alguma desculpa esfarrapada, e essa foi a oportunidade da criatura. Veja o que ela já havia feito com ele. Para todos, já era época de colheita, quando os homens precisavam trabalhar e dormir. Amos passava o dia com a cabeça nas nuvens e, quando a noite chegava, fazia a barba e se arrumava, ajeitava o bigode e descia até Glen, alegando ter alguma reunião da Associação dos Criadores de Raposas.

Outro mau sinal era que Amos tinha se tornado subitamente sensível em relação à idade. Quando, em seu aniversário de cinquenta anos, Timothy o parabenizou por ter chegado à marca de meio século, Amos afirmou, em tom irritado, que não sentia ter nem um dia a mais que quarenta anos. Winkworth contara aos Blythes que *ela* tinha quarenta anos, sem dúvida para encorajar Amos, pois que mulher solteira admitiria ter essa idade se não tivesse um propósito nefasto?

Parecia a Timothy que nada além de um milagre poderia impedir Amos de pedir a mão da tal Winkworth em casamento. Ele ainda não o fizera... Timothy tinha quase certeza disso, por seu comportamento de nervosismo e incerteza. Ele deveria fazê-lo em até dez dias, já que precisaria ir à Exposição Nacional Canadense, em Toronto, pois era o responsável por uma remessa de raposas de prata que a Associação dos Criadores de Raposas estava enviando para lá. Ele ficaria ausente por duas semanas, e as férias da tal Winkworth teriam acabado quando ele retornasse. Então Timothy tinha bastante certeza de que ele a pediria em casamento antes de viajar.

Não, por Deus, ele não pediria! Uma irmandade harmoniosa de uma vida inteira não seria destruída por isso. Timothy teve uma inspiração divina. A Ilha de Joe! Essa era a resposta à sua prece!

Os detalhes causavam uma ansiedade considerável a Timothy. O tempo estava acabando e, por mais que quebrasse a cabeça, ele não conseguia pensar em uma maneira de levar a tal Winkworth até a Ilha de Joe sem que alguém ficasse sabendo. Mas a Providência abriu uma porta. A senhora Knapp foi até a loja de Upper Glen e deu uma passada para visitar Matilda Merry. Elas estavam sentadas na varanda dos fundos, fofocando, quando Timothy, que estava deitado no sofá da cozinha, bem ao lado da janela, ouviu algo que o fez se levantar imediatamente em um lampejo de inspiração. A senhorita Winkworth, pelo que a senhora Knapp disse, ia passar um ou dias em Charlottetown com uma amiga que vivia lá. Ela pegaria o trem do porto. A senhora Blythe também estaria, pois faria uma visita a Avonlea.

Então era por isso, refletiu Timothy acidamente, que Amos parecia tão cabisbaixo e deprimido o dia todo, falando sobre pegar um comprimido cura-tudo com o doutor Blythe. Pela língua do gato! Ele devia estar mesmo mal se a perspectiva de ficar longe de sua amada por alguns dias o fazia precisar do cura-tudo! Bem, quanto mais quente o fogo, mais rápido a chama apaga. Amos logo superaria essa paixão e ficaria grato por ter escapado... Sim, antes que tomasse metade dos comprimidos do doutor Blythe.

Timothy não perdeu tempo. Tinha certeza de que Amos a levaria até o trem, mas o automóvel de Amos ainda estava no quintal. Timothy foi até o celeiro e tirou o próprio automóvel. Seu único medo era de que Amos também fosse buscar a senhora Blythe.

– Aonde será que *ele* vai? – indagou a senhora Knapp enquanto Timothy manobrava o carro no quintal.

Os contos dos Blythes – Volume 2

– Deve estar indo até o porto pegar peixe – respondeu Matilda. – Ele teria feito a barba e se trocado se fosse visitar alguém, mesmo que fosse apenas até Ingleside atrás de cura-tudo. Cura-tudo! Amos precisa desse remédio tanto quanto eu. Timothy tem pelo menos quarenta e cinco anos, mas é vaidoso como um pavão.

– Ele é um homem muito bonito – observou a senhora Knapp. – Bem mais que Amos, se quer saber minha opinião. Amos é o que se poderia chamar de "insignificante", como diria a senhora Blythe.

– Você acha que Amos e a sua pensionista acabarão se casando, Maria?

– Não me admiraria – respondeu a senhora Knapp. – Ele certamente tem sido muito atencioso. E a senhora Blythe tem se esforçado ao máximo para fazer acontecer. Nada pode impedi-la de bancar o cupido. E acho que a senhorita Winkworth está bem cansada de encarar a vida sozinha. Mas não tenho como afirmar... Ela é bastante reservada.

A tal Winkworth estava sentada na varanda dos Knapps quando Timothy chegou. Estava pronta para viajar, com seu terninho azul-marinho, um chapeuzinho com laço verde e a mala a seus pés.

– Boa noite, senhorita Winkworth – disse Timothy asperamente. – Lamento, mas meu irmão não pôde vir. Acabou se atrasando por algum problema com as raposas. Então vim buscá-la para levá-la ao trem.

– É muita gentileza da sua parte, senhor Randebush.

Ela certamente tinha uma voz agradável. E uma figura muito elegante. E um jeito de olhar! Imediatamente, Timothy lembrou que não fizera a barba naquele dia e que havia pedaços de palha grudados em seu suéter.

– Acho que é melhor nos apressarmos – disse ele, sério. – Está quase na hora do trem.

A tal Winkworth entrou no carro sem desconfiar de coisa alguma. Timothy se acalmou. Estava sendo muito mais fácil do que esperava. E, por sorte, era evidente que não havia nada combinado para buscar a senhora Blythe.

Mas o momento crucial chegaria quando ele saísse da estrada de Upper Glen e pegasse a trilha cheia de mato e raízes expostas que levava até a baía. Ela sentiria que algo não estava cheirando bem.

E sentiu.

– Este não é o caminho para a estação, é? – perguntou ela com leve surpresa na voz.

– Não, não é – respondeu Timothy, mais sinistramente que nunca. – Não estamos indo para a estação.

– Senhor Randebush...

A tal Winkworth se percebeu encarando olhos muito austeros.

– Ninguém vai machucá-la, senhorita. Nenhum mal lhe será feito se você fizer exatamente o que eu mandar e ficar de bico calado.

A tal Winkworth, após um arquejo, permaneceu quieta. Provavelmente achava necessário obedecer aos loucos.

– Saia – ordenou Timothy quando eles chegaram ao fim da estrada. – Então desça diretamente até o embarcadouro e entre no barco que está amarrado lá.

Não havia ninguém em vista. A tal Winkworth desceu até o embarcadouro, com Timothy a seguindo logo atrás, sentindo-se o máximo, ousado e bucaneiro. Pela língua do gato! Era assim que se lidava com elas! E pensar que o doutor Blythe vivia dizendo que mulheres eram iguais aos homens!

Quando eles partiram e estavam deslizando alegremente pela água, ela perguntou delicadamente, com leve tremor apaziguador na voz:

– Aonde... Aonde está me levando, senhor Randebush?

Não havia nenhum mal em contar a ela.

– Eu a estou levando para a Ilha de Joe, senhorita. Fica a pouco mais de seis quilômetros do porto. Vou deixá-la lá por alguns dias, e meu motivo diz respeito apenas a mim, como diria o doutor Blythe. Como eu disse, a senhorita não será machucada e ficará bastante confortável. A residência de verão de Kenneth Ford fica na ilha, e sou o zelador. Os Fords foram passar o verão na Europa em vez de vir para Glen St. Mary. Tem bastante comida enlatada na casa e bom fogão, e, pelo que sei, você sabe cozinhar. Ao menos a senhora Blythe disse ao meu irmão, Amos, que sabia.

Ela lidou com a situação de forma admirável... Era preciso reconhecer. Qualquer outra mulher que ele conhecia, à exceção da senhora Blythe, teria ficado histérica. Ela nem sequer perguntou qual era o motivo. Provavelmente, já suspeitava. Maldita seja! Sentada ali, tranquila e composta, como se ser sequestrada fizesse parte do dia a dia!

– Você não acha que alguém vai criar um alvoroço quando perceber que estou desaparecida? – perguntou ela após uma pausa.

– Quem vai sentir sua falta? – indagou ele. – Amos pensará que você ficou com medo e pegou outra carona.

– Seu irmão não ia me levar. Eu ia com os Flaggs – explicou a tal Winkworth delicadamente. – Mas e quando eu não voltar, daqui a dois dias, acha que a senhora Knapp não ficará preocupada?

– Não. Ela pensará que você simplesmente foi convencida a ficar mais tempo na cidade. E o médico e a esposa dele ficarão duas semanas em Avonlea. Além disso, e daí se as pessoas realmente começarem a questionar? Elas apenas pensarão que você retornou para Boston para se livrar de ter de pagar pela estadia.

A tal Winkworth não respondeu à crueldade dele. Olhou para longe, para o pôr do sol no porto. Tinha mesmo certa graciosidade na maneira como inclinava a cabeça. Cachos cor de caramelo escapavam por baixo das bordas do chapéu.

Subitamente, ela sorriu.

Timothy sentiu uma estranha sensação de formigamento na espinha.

– O vento é oeste esta noite, não é? – comentou ela sonhadoramente. – E, oh, veja, senhor Radenbush, lá está a estrela da tarde!

Como se ninguém tivesse visto a estrela da tarde antes na vida!

É claro que ela sabia que estava exibindo aquele pescoço bonito enquanto virava o rosto para o céu!

Sequestrar uma mulher era um negócio extremamente perigoso. Ele não gostava daquela sensação na espinha.

Talvez ela não achasse que ele tivesse, de fato, a intenção de deixá-la na Ilha de Joe. Ela provavelmente enlouqueceria quando descobrisse.

Bem, ela podia se zangar o quanto quisesse. A seis quilômetros de distância de qualquer lugar. Nada além de barcos pesqueiros se aproximava da Ilha de Joe quando não havia ninguém ali, e esses barcos nunca paravam. Não seria possível ver luz alguma pelas cortinas espessas, e, se alguém visse fumaça sair pela chaminé, pensaria que era apenas ele, Timothy, arejando a casa.

Céus, seu plano era mesmo de mestre!

– Estrelas são bastante comuns em Glen St. Mary – respondeu ele, seco.

A tal Winkworth não tornou a falar. Permaneceu observando aquela maldita estrela até se aproximarem do atracadouro da Ilha de Joe.

– Agora, senhorita – disse Timothy bruscamente –, cá estamos.

– Ah, senhor Randebush, você realmente vai me abandonar aqui, neste lugar solitário? Não há algo que eu possa dizer ou fazer que o faça mudar de ideia? Imagine o que a senhora Blythe pensará da sua conduta.

– Senhorita – disse Timothy com severidade, especialmente porque não havia dúvida quanto ao fato de que ela era uma mulher fascinante e de que ele se importava bastante com a opinião dos Blythes –, experimente moldar granito, se quer um trabalho fácil, mas não tente fazer um Randebush mudar de ideia depois que ele já se decidiu por um curso de ação.

– A senhora Blythe me disse que vocês são todos muito teimosos – comentou ela baixinho enquanto descia no atracadouro.

Uma fragrância deliciosa parecia emanar dela. Outra propaganda da loja de produtos de beleza, sem dúvida, embora a senhora Blythe exalasse o mesmo cheiro quando entrava na igreja.

A residência de verão de Kenneth Ford fora construída no topo rochoso ao norte da pequena ilha. Todas as janelas estavam ocultadas por cortinas pesadas de madeira. Portas e janelas estavam devidamente trancadas, e Timothy tinha todas as chaves, ou achava que tinha. Sabia que nem mesmo os Blythes tinham alguma. A casa era equipada com tudo que alguém poderia querer em termos de conforto: comida enlatada, café, chá, água corrente...

– Você ficará bastante confortável aqui, senhorita. É escuro, é verdade, mas há muitas lamparinas e querosene. A cama no quarto da ala norte do pavimento superior está arejada... Eu mesmo a arejei ontem.

O rosto de Timothy estava vermelho. Ele sentiu, repentinamente, que não era delicado falar sobre quartos com uma dama.

Sem dizer outra palavra, saiu e trancou a porta. Ao fazê-lo, sentiu uma pontada de remorso.

Era como estar trancando a porta de uma prisão.

– Mas não seja piegas, Timothy Randebush – disse a si mesmo severamente. – Amos precisa ser salvo, e essa é a única maneira. Você sabe que ela não pode ser deixada à solta. Enviaria algum sinal a um barco pesqueiro em um piscar de olhos. Os barcos, às vezes, passam perto da Ilha de Joe, quando o vento é oeste.

No meio da baía, ele subitamente pensou: "Pela língua do gato! Será que havia fósforos na residência Ford? Ele acendera uma lamparina quando entrara, mas, quando ela precisasse reabastecer, a chama apagaria. E então?".

Para sua ira e surpresa, Timothy percebeu que não conseguia dormir. Bem, não era toda noite que sequestrava uma mulher. Sem dúvida, tinha algo a ver com o sistema nervoso. Quem dera ele conseguisse parar de se perguntar se ela tinha fósforos!

Pela língua do gato! Se ela não tivesse, não conseguiria acender o fogo para cozinhar! Morreria de fome. Não, não morreria. A carne enlatada já estava cozida. Mesmo que estivesse fria, ela sobreviveria.

"Vire-se e durma, Timothy Randebush." Timothy virou-se, mas não dormiu.

O pior de tudo era que ele não podia levar fósforos para ela pela manhã. O trigo precisava ser recolhido, e partir para uma excursão à Ilha de Joe, o que tomaria boa parte da manhã, levantaria as suspeitas de Amos, era o que a consciência pesada de Timothy dizia.

O dia pareceu eterno. Quando o último carregamento estava guardado, Timothy fez a barba, vestiu-se apressadamente e, após recusar o jantar sob o pretexto de ter que se encontrar com alguém em Harbour Mouth para tratar de negócios, entrou no carro e partiu rumo à orla, parando em uma das lojas do vilarejo para comprar fósforos.

A noite estava fria e com nevoeiro, e um vento cortante soprava no porto. Timothy estava gelado até os ossos quando chegou à Ilha de Joe. Mas, quando destrancou a porta da cozinha após uma batida, como mandam as boas maneiras, uma visão maravilhosa cumprimentou seus olhos, e um aroma delicioso penetrou suas narinas.

Labaredas queimavam no fogão, e Alma Winkworth, de vestido azul de renda, protegida por um avental cor-de-rosa, estava fritando bolinhos de bacalhau. Toda a cozinha estava tomada por um cheiro apetitoso, misturado com o odor do café. Um prato de bolinhos doces marrons estava em cima do forno quente.

Ela se adiantou para cumprimentá-lo animadamente, com um sorriso caloroso e amigável, e que, de certa forma, lembrava o da senhora Blythe. Suas bochechas estavam coradas do calor do fogão, os cabelos grossos cacheavam-se ao redor da testa e seus olhos brilhavam. Timothy realmente achou isso e, então, ficou terrivelmente envergonhado de tal pensamento.

Pieguice... Era isso... Pior que a de Amos. Pela língua do gato! Havia algo errado na boca de seu estômago. Antes, fora na espinha; agora, era na boca do estômago.

Devia ser o perfume daquele jantar. Ele não comera coisa alguma desde o meio-dia.

– Ah, senhor Randebush, estou tão contente em vê-lo! – disse ela.

– Ocorreu-me que talvez você não tivesse fósforos e pensei que seria melhor trazer – disse Timothy asperamente.

– Ah, é muito astuto de sua parte! – respondeu ela, agradecendo.

Timothy não sabia onde estaria a astúcia daquela atitude, mas ela expressou de tal forma que o fez se sentir um super-herói.

– Não quer se sentar um pouquinho, senhor Randebush? – sugeriu ela.

– Não, obrigado. – Timothy estava mais rabugento que nunca. – Preciso voltar para jantar.

– Ah, senhor Randebush, não quer comer comigo? Tem o suficiente para dois... E comer sozinha é tão solitário. Além disso, esses bolinhos foram feitos com base na famosa receita de Susan Baker. Ela passou para mim como um favor especial.

Timothy disse a si mesmo que o cheiro do café o estava enfraquecendo. O café de Matilda Merry parecia água suja!

Ele percebeu que seu chapéu fora removido e delicadamente conduzido a uma cadeira.

– Sente-se aqui até eu pegar os bolinhos de bacalhau. Sei que não adianta conversar com um homem faminto.

Aqueles bolinhos de bacalhau, aqueles bolinhos doces, aquele café! E aquela sensatez! Não forçá-lo a conversar... Ela simplesmente o deixou comer em paz.

A tal sensação esquisita certamente ainda persistia, embora seu estômago não estivesse mais vazio. Mas, então, qual era o problema? O doutor Blythe sempre dizia que, quanto menos atenção você prestasse ao estômago, melhor. Não havia muitos médicos que soubessem tanto quanto o doutor Blythe.

– É realmente ótimo ter um homem na casa – comentou Alma Winkworth após a segunda xícara de chá de Timothy.

– Suponho que você ache sua vida bastante solitária – disse Timothy asperamente. Então, reprimiu-se por sua aspereza. Era necessário, é claro, para salvar Amos das garras dela, mas ele também não precisava ser estúpido.

Os Randebushs sempre se orgulharam de suas boas maneiras. Mas ela não o enrolaria com suas bajulações e sua solidão. *Ele* era macaco velho.

– Um pouquinho – confessou ela melancolicamente. – O senhor poderia ficar um pouquinho e conversar comigo, senhor Randebush.

– Não posso, senhorita. Você vai precisar ficar a par das fofocas com a senhora Knapp e a senhora Blythe.

– Mas a senhora Blythe nunca fofoca, e a senhora Knapp é nova na região.

– Não posso, senhorita. Obrigado pelo jantar. Nem mesmo a própria Susan Baker teria conseguido fazer bolinhos melhores. Mas preciso ir.

Ela estava olhando para ele com admiração, com as mãos unidas, apoiando o queixo. Fazia anos, pensou ele, que uma mulher não o olhava com admiração.

– Suponho que você não tenha aspirina aí – disse ela com a mesma melancolia de antes. – Receio estar com princípio de uma dor de cabeça. Tomo aspirina de vez em quando.

Timothy não tinha aspirina. Ele pensou nisso durante todo o trajeto para casa e boa parte da noite.

E se ela estivesse lá sozinha, sofrendo? Não havia escapatória... Precisaria voltar lá na noite seguinte e levar umas aspirinas para ela.

Ele levou aspirina. Também levou um pedaço de papel pardo contendo duas costeletas de porco e dois pedaços de manteiga embrulhados em uma folha de ruibarbo. Matilda Merry percebeu que tinham desaparecido, mas nunca soube o que acontecera.

Ele encontrou Alma Winkworth sentada perto da lareira da sala de estar. Ela usava um vestido vermelho-cereja e pequenas gotas vermelhas nas orelhas. Pela língua do gato! As coisas que uma mulher levava em uma mala!

Ela correu para encontrá-lo com as mãos delicadas estendidas.

– Ah, passei a noite toda esperando por você, senhor Randebush, esperando que viesse. Tive uma noite terrível sem a aspirina. E agora você trouxe!

– Espero que esteja boa. Tive que comprar na mercearia, já que o doutor Blythe não está em casa.

– Tenho certeza de que ficará tudo bem. Você é realmente muito gentil e atencioso. Precisa ficar um tempinho aqui e conversar comigo.

Timothy, que chegara à conclusão de que a sensação na boca do estômago era crônica e que seria melhor consultar o doutor Blythe, sentou-se lentamente.

– Amos fez a primeira esposa trabalhar até morrer – Timothy se pegou dizendo, sem fazer ideia do porquê dissera aquilo.

Então, foi tomado pelo remorso.

– Não fez, não. Ela foi quem trabalhou até morrer. Mas ele não a impediu.

Novamente, o remorso. Pela língua do gato! Que espécie de homem era ele, difamando o irmão daquele jeito?

– Não acho que ele poderia tê-la impedido. Algumas mulheres são assim mesmo.

Alma Winkworth estava rindo. Sua risada, como todo o restante em relação a ela, era agradável.

– Você tem *mesmo* um jeito peculiar de colocar as coisas, senhor Randebush.

A luz da lareira cintilava trêmula nos cabelos brilhosos dela e em seu lindo vestido. Timothy conseguia imaginá-la daquele jeito com clareza lá em sua casa.

Ela o agradeceu tremendamente pela visita e perguntou se ele não poderia voltar. Bem, talvez ele voltasse, após uma ou duas noites. É claro que seria imensamente solitário para ela ali, sem ter nem ao menos um cachorro com quem conversar. E se ele levasse um cachorro para ela? Não, isso não seria possível. Um cachorro poderia chamar a atenção latindo. Mas quem sabe um gato... Perfeito. Ela mencionara que gostava de gatos... E também que ouvira barulhos de rato. Ele levaria um gato para ela. Era melhor cuidar disso já na noite seguinte. Ratos, às vezes, causavam grandes estragos.

Às quatro da tarde do dia seguinte, Timothy estava atravessando a baía. Na proa, algo uivante, agitado e sem forma definida... O gato de Matilda Merry preso em um saco de batatas.

Timothy achava que Matilda Merry causaria o maior tumulto quando percebesse que seu bichinho havia sumido, mas, depois de sequestrar mulheres, gatos não eram nada demais.

Alma insistiu que Timothy jantasse com ela e jurou ter ficado encantada com o gato. Enquanto conversavam após o jantar, ela ficou com o bichano no colo, acariciando-o.

Timothy teve um espasmo de pavor quando percebeu que sentia inveja do gato.

No dia seguinte, Amos subitamente anunciou que partiria para Toronto na segunda-feira em vez de na quarta. Havia algumas questões a resolver antes da Exposição. Timothy ficou aliviado. Amos não estava sendo a melhor companhia nos últimos dias; talvez andasse preocupado porque Alma Winkworth estava se demorando demais em Charlottetown. Ele não sabia o endereço de onde ela deveria estar, por isso não podia procurá-la.

Então, Amos logo estaria fora da cidade, e ele poderia libertar Alma. O pensamento o afundou na tristeza em vez de deixá-lo eufórico.

Ele levou pouco tempo para perceber o que acontecera consigo mesmo. Não foi à Ilha de Joe aquela noite, nem na seguinte, e não teria ido nem por um milhão de dólares, disse a si mesmo.

Mas precisava ir na terceira noite, pois Amos já estava são e salvo a caminho de Toronto e não havia mais motivo para manter Alma Winkworth trancafiada. Além disso, os Blythes tinham retornado, e ele não confiava na senhora Blythe. Ela era esperta demais para uma mulher.

– Pensei que nunca mais fosse voltar – disse Alma, em tom delicadamente repreensivo. – Senti tanto a sua falta.

Com um único olhar tão gentil, Alma podia dizer mais coisas que a maioria das mulheres seria capaz de verbalizar em um ano. Seu feitiço dominara Timothy, e ele finalmente percebeu e não se importou.

"Estou um caco e totalmente dilacerado", pensou em desespero. Já percebera desde o instante em que ela olhara para a estrela da tarde. Admitir conferia certo alívio, embora todos fossem rir dele, à exceção da senhora Blythe. Por algum motivo, sentia que ela não acharia graça.

– Amos foi para Toronto e vim soltá-la – anunciou ele em tom desesperado.

Por uma fração de segundo, pensou que ela não parecia feliz. Então, ela disse lentamente:

– Agora você poderia contar por que me trouxe aqui?

– Para impedir que Amos a pedisse em casamento – explicou Timothy sem rodeios. Era melhor que ela conhecesse de uma vez seu pior lado.

– Seu irmão me pediu em casamento na noite antes de você me sequestrar – contou ela baixinho. – E... eu recusei. Senti que não poderia me casar com alguém, a menos que o amasse de verdade... Eu realmente não poderia... Por mais que quisesse ter minha própria casa.

Ela disse aquelas palavras, que não faziam sentido. Timothy ficou olhando para ela sem saber o que fazer. Ela deu um sorriso malicioso para ele.

– É claro que teria sido bom ser *sua* parente, caro senhor Randebush.

Timothy pigarreou.

– Senhorita Winkworth... Alma... Nunca fui de fazer rodeios. A senhora Blythe confirmaria, se estivesse aqui.

A senhora Blythe contara a Alma muitas coisas sobre Timothy, mas manteve segredo.

– Você aceita se casar *comigo*? – perguntou Timothy. – Eu... sou muito afeiçoado a estrelas. A senhora Blythe pode confirmar. Tenho uma boa casa na minha própria fazenda, basta arrumar umas coisas e construir uma varanda, eu gostaria de cuidar de você...

Alma Winkworth sorriu novamente, expressando alívio. Bastava de clientes insolentes e estúpidos buscando uma fonte de beleza; bastava de férias curtas em hospedarias baratas. E aquele belo homem, que ela tanto admirava desde a primeira vez que o vira na igreja de Glen St. Mary.

– Por que você não foca em Timothy Randebush? – sugerira a senhora Blythe provocativamente. – Ele está muito à frente de Amos em todos os sentidos.

Ela se aproximou dele. Timothy Randebush, sentindo o formigamento da euforia do primeiro amor aos quarenta e cinco anos, pegou-se tomando-a nos braços.

Uma hora (ou um século) depois, Timothy carregava a mala e o gato. Matilda Merry volta e meia se perguntava por onde o gato andara por tanto tempo; por outro lado, gatos gostavam de perambular por aí... e desceu o corredor rumo à porta lateral.

– Vamos por aqui, senhorita Winkworth... Alma... querida. Será mais fácil para você descer até a praia que pelas outras portas.

Ele largou a mala e o gato, escolheu a chave e tentou abrir. Não virou. Tentou a fechadura. A porta abriu com facilidade.

– Pela língua do gato! A porta estava aberta! – exclamou ele.

– Está aberta desde que vim para cá – disse Alma Winkworth modestamente. – A senhora Blythe e eu estivemos aqui um dia e acho que ela se esqueceu de trancar. Ela tem a chave, sabia?

LÁ VEM A NOIVA

A velha igreja de Glen St. Mary estava lotada. De alguma forma, esse casamento, em particular, parecia incomum. Não se viam casamentos na igreja de Glen St. Mary com frequência, e menos ainda um na colônia de verão. Alguém de Charlottetown estava tocando a marcha nupcial baixinho, e as duas famílias envolvidas estavam paradas em pequenos grupos ou pessoas sozinhas. O burburinho de suas palavras aumentava e diminuía em ondas suaves de som.

Um repórter entediado do *Dairy Enterprise* cobria o evento.

– A velha igreja de Glen St. Mary esteve repleta de convidados nesta tarde para o casamento de Evelyn, filha do senhor e da senhora James March, que estão passando o verão em Glen St. Mary, com o doutor D'Arcy Phillips, professor de Biologia em McGill e filho da senhora F. W. Phillips e do falecido Frederick Phillips, de Mowbray Narrows. A igreja fora lindamente decorada com crisântemos brancos pelas adolescentes da turma de Glen St. Mary, e a adorável noiva foi entregue pelo pai. Ela estava usando um vestido marfim de cetim, elaborado em estilo vitoriano, e uma tiara de pérolas segurava o véu de uma renda antiga e rara. Diz-se que o velho laço azul desbotado escondido sob as pérolas foi usado pela senhora Gilbert Blythe no próprio casamento. "Algo emprestado e algo azul", como manda a tradição. A senhorita Marnie March foi a dama de honra da irmã, e as três madrinhas, a senhorita Rhea Bailey, a senhorita Diana Blythe e a senhorita Janet Small, usaram vestidos de época de tecido prateado e chapéus de aba larga azul-pervinca com buquês de íris azuis, etc., etc., etc. A recepção subsequente foi realizada em Merestead, a linda nova residência de verão dos Marchs em Glen St. Mary, onde rosas acetinadas compunham uma decoração charmosa para os noivos radiantes. No centro da mesa da noiva estava o lindo bolo de casamento feito por Mary Hamilton, que há trinta anos está com os Marchs como cozinheira, enfermeira e estimado membro da família. A senhora March recebeu os convidados em um elegante vestido cinza, com cauda curta, um refinado chapéu de palha preta e *corsage* de violetas roxas. A senhora Frederick Phillips estava de *chiffon* azul, com chapéu no mesmo tom e *corsage* de botões de rosa amarelos. Depois, a noiva e o noivo partiram para a lua de mel na propriedade do noivo, na Ilha de Juniper, Muskoka, Ontario. O traje de viagem da noiva, etc., etc., etc. Entre os convidados encontravam-se a senhora Helen Bailey, a senhorita Prue Davis, a senhora Barbara Morse, o senhor Douglas March (tio-avô da noiva, querido octogenário de Mowbray Narrows), a senhora Blythe, etc.

Tia Helen Bailey, irmã do pai da noiva e mãe de três filhas solteiras e disponíveis, entre elas, uma das madrinhas, pensa:

"Então a Amy finalmente conseguiu despachar a Evelyn. Que alívio deve ser para ela! Uma garota como Evelyn, já tendo passado da primeira juventude, com uma pele dessas que envelhecem logo, diferente da pele da senhora Blythe. Será que aquela mulher nunca vai envelhecer? E aquele caso com Elmer Owen... É, realmente, um triunfo e tanto casar essa menina, mesmo com um professor pobre como D'Arcy Phillips. Consigo me lembrar dele correndo descalço por Glen St. Mary e aprontando por aí com os garotos de Ingleside. Amy ficou com o coração simplesmente partido quando o noivado com Elmer acabou. Tentou abafar o caso, mas todos sabiam. É claro que Evelyn nunca deu a mínima para ele, pois estava interessada apenas no dinheiro dele. Aquela garota não tem coração... Não conseguiria amar ninguém. O que será que deu errado entre ela e Elmer? Ninguém sabe, embora aquela tola da senhora Blythe sempre pareça saber de tudo quando o assunto é mencionado. É claro que os pais dele nunca aprovaram, mas já pareciam bem habituados a ela. Amy certamente pensava que ele estava devidamente fisgado. Como costumava se vangloriar disso! Daquela aliança enorme! Evelyn deve ter quase morrido quando teve de devolvê-la. Levará muito tempo até D'Arcy Phillips conseguir lhe dar uma esmeralda quadrada. Foi muito indelicado da parte dela enlaçar-se com D'Arcy assim que Elmer a dispensou. No entanto, é bem fácil agarrar um homem quando não se é rigorosa com suas ações. Minhas pobres filhinhas não têm a audácia necessária para os dias de hoje. São meigas, bem-educadas e femininas, mas isso não importa mais. O doutor Blythe pode até dizer que as garotas são iguais em todas as idades. O que sabe ele? Não, hoje, é preciso perseguir seu homem. Por que eles não entravam logo? Os bancos dessas igrejas do interior são sempre tão duros. *Olhe só* para aquele mosquito na papada gorda de Morton Gray! Será que ele não consegue sentir? Não, provavelmente tem a pele grossa demais para sentir qualquer coisa. Gostaria de poder dar um tapa... Meus nervos estão ficando à flor da pele. Quantos convidados! E todos os provincianos de Glen St.

LUCY MAUD MONTGOMERY

Mary e de Mowbray Narrows. Suponho que um casamento requintado seja um evento e tanto para eles. Prue Davis está usando um vestido novo e tentando agir como se fosse uma situação qualquer. Pobre Prue! Barbara Morse está fazendo comentários jocosos sobre todos. Sei pela expressão em seu rosto. Ah, a senhora Blythe acaba de esnobá-la. Sei pela expressão no rosto *dela*. Mas isso não servirá de remissão para Barbara. É uma obsessão! Ela fofoca em funerais, então por que não o faria em um casamento sofisticado, onde todos sabem que a noiva está aceitando o noivo como prêmio de consolação e que ele a está assumindo sabe lá Deus por quê... Provavelmente porque ela simplesmente insistiu. É um disparate da senhora Blythe essa história de que eles sempre se amaram. Todos sabem que passaram a vida toda brigando feito gato e rato. Evelyn tem personalidade indomável por baixo de toda aquela doçura da superfície... Exatamente como a senhora Blythe. Será que o doutor Blythe é tão feliz quanto finge ser? Nenhum homem poderia ser. Aquele ali realmente é o velho tio Douglas, tio de Jim? Suponho que puderam chamar todos os primos do interior, já que o noivo é apenas D'Arcy, e o casamento é em Glen St. Mary. Mas, se fosse com Elmer, em alguma igreja requintada da cidade, eles seriam relegados a segundo plano. Tio Douglas está claramente se divertindo. Um banquete de casamento é um banquete de casamento, não importa como aconteça. Dará o que falar por anos. O que Rose Osgood está vestindo? Deve ter simplesmente enfiado a mão no baú de velharias da família e pegado a primeira coisa que conseguiu. Como será que a senhora Blythe, vivendo em Glen St. Mary, sempre consegue estar tão atualizada? Bem, suponho que as filhas... Aí vem Wagner, graças a Deus. Lá vêm eles. Quatro padrinhos... Quatro madrinhas... Duas damas de honra e um pajem. *Hunf*! Bem, espero que tudo esteja pago. Esses crisântemos brancos devem ter custado a Jim uma pequena fortuna. Não acredito, nem por um instante, que tenham vindo do jardim de Ingleside. Como alguém poderia cultivar crisântemos assim em um lugarzinho do interior como Glen St. Mary? Onde Jim consegue dinheiro nem consigo imaginar. Evelyn está bonita, mas não devia ter mandado cortar o vestido desse jeito... Mostra suas costas curvas... Lordose, é como chamam hoje, se não me engano... Evelyn está claramente triunfante... Nem um pouco mosca-morta! Lembro-me do dia em que Amy promoveu o chá de apresentação de sua filha debutante. Como ela era esquisita! Mas é claro que sete temporadas conferem postura a qualquer um. D'Arcy não é um homem exatamente agradável de olhar... Seu rosto é comprido demais... Por sua vez, a pobre Rhea está tão bem quanto as outras madrinhas. Esse tom de azul é tão cansativo... Talvez Evelyn o tenha escolhido justamente por esse motivo. Marnie parece uma cigana, como sempre... Só que as ciganas não são tão gorduchas, não é mesmo? Amy terá ainda mais trabalho em casá-la do que teve com Evelyn. Diana Blythe está bem bonita. Realmente, há algo diferente nessas meninas Blythes... Embora eu jamais vá admitir isso para a mãe delas. "Eu aceito"... Minha nossa, não precisava *berrar*! Todos sabem que você aceita de muito bom grado. Até mesmo em Glen St. Mary todos sabem que D'Arcy era sua última chance. É estranho como as coisas se desenrolam! É claro que os Blythes têm muitos amigos em Montreal e Toronto. E a senhora Blythe pode ter a reputação de não ser fofoqueira... Mas se esforça para ficar sabendo das coisas... Mulher esperta. Bem, quanto a Evelyn, um salário de professor é melhor que a pensão de uma solteirona, sem dúvida. Eles foram para a sacristia. Senhora D'Arcy Phillips! Uma felicidade transbordante. Diana Blythe está fazendo charme para aquele jovem qual-é-mesmo-o-nome-dele? E pensar que dizem por aí que as garotas Blythes nunca flertam!

Duvido que ela consiga laçá-lo, a despeito de todas as excelentes táticas da mãe. No entanto, *isso* não me diz respeito. Certamente espero que a pobre Evelyn seja feliz. Mas não me parece que qualquer pessoa possa ser muito feliz quando se casa com um homem apenas para se salvar, porque outro a dispensou. Será que *alguém* é realmente feliz neste mundo insano? Dizem que os Blythes... Mas quem sabe o que acontece nos bastidores? Nem mesmo a velha Susan Baker, posso apostar. Além disso, ela é leal demais para admitir... Agora vamos à recepção e aos presentes... E aos comentários tolos de sempre... E, então, eles partirão para Muskoka na nova lata-velha de D'Arcy. Teria o *Enterprise* mencionado que o automóvel é uma lata-velha? Que diferença para o automóvel de quinze mil dólares de Elmer... Ou mesmo para o velho Packard de Jim. Evelyn terá, afinal, que se conformar com muitas limitações. Jim sempre mimou a família. Lá vêm eles... É uma procissão e tanto. Acho que aquele garoto está apaixonado por Diana Blythe... Se durar. Sem dúvida, a senhora Blythe fará tudo o que puder para manter a chama acesa. Já me disseram que aquela mulher é perita em juntar casais. Eu gostaria de ter essa destreza. Quem sabe assim *minhas* filhas... Ora, ora, Diana Blythe, pode ficar com seu jovem, se alguma outra garota não o fisgar primeiro...".

Prue Davis, um tanto desanimada e com inveja de todas as noivas em geral, pensa:

"Parece engraçado que Evelyn esteja se casando com D'Arcy, no fim das contas, sendo que, por anos, o achou tão abominável. Ele é apenas um professor jovem e pobre... Mas, é claro, qualquer porto serve quando há uma tempestade. Ela está com vinte e cinco anos... E aparenta a idade que tem... Até mais, eu diria. Será que foi por isso que escolheu madrinhas jovens? Diana Blythe está linda. De alguma forma, as garotas

Blythes são as únicas que já conheci de que realmente gostei... E a mãe delas é a única mulher que já senti que poderia amar. Quem dera eu tivesse uma mãe igual a ela! Bem, precisamos nos contentar com o que nos é dado neste mundo, tanto pais quanto filhos. D'Arcy é bom e inteligente... Houve um tempo em que talvez eu tivesse conseguido fisgá-lo, após um revés... Depois de uma das maiores brigas que eles tiveram. Mas sempre derrubo o pão com a manteiga para baixo... Sempre fui tola e perdi minhas chances. É claro que, no instante em que Evelyn ergueu o dedo, ele voltou para ela. Ninguém mais teve chance depois disso. É a maneira que ela tem de voltar os olhos para cima, sob as pálpebras... As garotas Blythes também conseguem, já reparei... Bem, algumas pessoas tiram a sorte grande. Espero não sujar este vestido... Recepções são terríveis para isso... Só Deus sabe quando terei outro. Lá vêm eles... Evelyn está bonita... Ela sempre soube se vestir, preciso admitir. É um talento inato. Olhe só para Diana Blythe. Aposto que o vestido dela não custou um décimo do que custou o das outras... Se não me engano, ouvi um boato de que ela o teria mandado fazer em Charlottetown, enquanto os das outras vieram de Montreal... E, mesmo assim, olhe só para ele. Os cabelos, também. Nunca gostei dos cabelos loiros de Evelyn. Ah, não! Encontrei um cabelo branco hoje. Nós, os Davis, ficamos grisalhos cedo. Ah, as coisas são terrivelmente cruéis. Como vai, senhora Blythe? Um casamento adorável, não foi? Ora, Prue Davis, você não tem orgulho nenhum? Erga a cabeça e aja como se estivesse sentada no topo do mundo. Graças a Deus, terminou. Acho que ninguém mais falará comigo. Não conheço muitas pessoas da região, à exceção dos Blythes, e eles já foram embora. Gostaria que a recepção já tivesse terminado. Estou começando a detestar participar dessas coisas. 'Como? Prue Davis? *Ainda*? Quando é que vamos participar do *seu* casamento?'

À parte comentários como esse, nunca ninguém conversa comigo, exceto homens velhos e casados. Minha juventude está se esvaindo, e de nada adianta ter inteligência. Quando digo algo inteligente, as pessoas ficam surpresas e desconfortáveis. Gostaria de permanecer calada por anos e anos... E sem ter que continuar fingindo ser esperta, feliz e muito, *muito* satisfeita. Mas suponho que a maioria das pessoas precise agir assim. É só que, às vezes, acho que a senhora Blythe... Ah, aí vem mais alguém. Como vai, senhora Thompson? Ah, um casamento lindo! E uma noiva tão adorável! Ah, *eu*? Não sou tão fácil de agradar quanto algumas garotas, a senhora sabe. E a independência é *muito* agradável, senhora Thompson. É claro que ela não acreditou, nem por um segundo, que penso assim, mas é preciso manter a cabeça erguida. Agora vamos lá".

Prima Barbara Morse, para uma amiga:

– Então foi para isso que vim lá de Toronto! Esses parentes... Eles são todos tão estúpidos... No entanto, sempre gostei de Jim... Parece que estou aqui há horas. Mas é preciso chegar cedo, se quiser se sentar no corredor... E não é possível ver muita coisa se você se sentar em qualquer outro lugar. Além disso, é muito divertido observar todos que entram. Não que haja muito a admirar aqui... A maioria das pessoas é do interior. Suponho que um casamento sofisticado como este seja uma bênção de Deus para eles. Os Blythes, de Ingleside, parecem ser os únicos que conseguem fingir ter alguma cultura. Achei a senhora Blythe uma mulher muito graciosa. O médico, como todos os homens, acha que sabe tudo. Eles têm, contudo, uma família encantadora... Ao menos os membros que conheci. A festa da noiva será tarde, é claro... Ninguém da família de Jim é conhecido por ser pontual. *Todos* parecem ter sido convidados... e ter vindo. É claro que é a época do ano em que uma viagem para a Ilha do Príncipe Edward tem charme especial. Realmente não fazia ideia de como este lugar é aprazível. Preciso retornar. Ah, vocês vêm todo verão? Então suponho que devam conhecer bem a maioria das pessoas. Ah, vocês têm um chalé de veraneio em Avonlea? É a antiga casa do doutor Blythe, não é? Não é estranho que um homem com a habilidade dele tenha escolhido se acomodar em um lugar como Glen St. Mary? Bem, suponho que seja predestinado. *Por que* Mattie Powell não tira aquelas verrugas horrorosas? A eletrólise tem resultado tão bom. Francamente, algumas pessoas parecem não se importar com a aparência. Como Mabel Mattingly está ficando gorda. Mas *eu* não deveria falar. *Nunca* mais me peso. Simplesmente não o faço... Fico uma semana triste depois. Jane Morris, de Toronto, me disse que perdeu dez centímetros de quadril vivendo apenas de leite em pó. Fico me perguntando... Mas jamais teria coragem de tentar. Gosto demais de comer. Espero que eles nos deem algo decente para comer na casa. Amy nunca foi uma boa dona de casa. Mas é claro que Mary Hamilton é uma ótima cozinheira. Suponho que por isso eles a levem consigo todo verão quando viajam. Ah, é claro que sei que ela é como um membro da família. Amy sempre mimou seus criados. Olhe para Carry Ware... Aquele *chiffon* velho e surrado! Era de se pensar que ela finalmente compraria algo novo para um casamento. Até mesmo Min Carstairs está de vestido novo. Fiquei sabendo que os Carstairs ganharam algum dinheiro. Eles vivem em Charlottetown, sabe? E Andrew Carstairs é mesquinho como leite desnatado. É claro que aquele vestido rosa e prateado é jovial demais para ela. Como é? Está me dizendo que ela tem a mesma idade que a senhora Blythe? Bem, as mulheres da cidade sempre envelhecem mais rápido que as do campo. Concordo com você... A senhora Blythe é a mulher mais bem-vestida aqui... Ao menos passa essa impressão.

LUCY MAUD MONTGOMERY

No entanto, dizem que manda fazer todas as roupas em Charlottetown. Algumas pessoas têm o dom... Por falar em idade... *Você* saberia me dizer como Sue Mackenzie consegue aparentar trinta e cinco quando tem quarenta e sete? Não estou sendo indelicada, Deus sabe... Mas é impossível não se perguntar. Quando *ela* se casou, pelo que conta a história, seu pai a fez voltar para o quarto e lavar o pó de arroz do rosto. Quem dera ele pudesse vê-la agora! Não, me disseram que a senhora Blythe nunca se maquia. No entanto, as pessoas do interior são enganadas com muita facilidade. Ela não poderia ter essa aparência sem um pouquinho de maquiagem. Quanto ao pai de Sue... Ele era um homem *muito* velho, minha querida... Ah, as coisas estranhas que fazia quando se zangava! Não dizia nada, mas queimava tapetes e serrava cadeiras! Prue Davis está bonita, mas já está ficando velha. Em momentos como este, sempre sinto muita pena das garotas que ainda estão solteiras. Elas devem se sentir mal. Sim, aquela é uma das garotas Blythes... Mas não pode ser Diana... Ela é uma das madrinhas. Que ideia ter quatro madrinhas em um casamento simples no interior! Amy sempre teve ideias grandiosas. Lá está a velha Mary Hamilton, nos fundos da igreja... É claro que a comida está nas mãos dos fornecedores de Charlottetown, infelizmente. Eu preferiria apostar na velha Mary, sem pensar duas vezes. Mas dizem que fez o bolo do casamento... Ela e Susan Baker, de Ingleside. Susan tem uma receita que, pelo que ouvi dizer, não compartilha com ninguém. Sim, a família de Jim sempre fez o maior estardalhaço por causa de Mary. Ou "Molly", como eles, às vezes, a chamam. Ora, quando Jim comprou o primeiro automóvel, ela simplesmente resolveu que também precisava aprender a dirigir. E eles permitiram! Fiquei sabendo que ela já levou incontáveis multas por excesso de velocidade. Ah, sim, irlandesa até o osso! É incrível como ela se dá bem com Susan Baker.

Não existem duas pessoas mais diferentes. Ela é devotada à noiva, e tudo mais. Ao menos é o que as pessoas dizem. Mas Mary sabe quem precisa agradar... Não muitos de nós conhecem um pouquinho do temperamento de Evelyn! Olhe só para ela, observando todos e tagarelando com Susan Baker. Aposto que estão trocando algumas histórias cabeludas. Se eles não chegarem logo, terei de sair carregada e gritando daqui. Já estão dez minutos atrasados. Talvez Evelyn tenha mudado de ideia. Ou talvez D'Arcy tenha pulado fora, assim como Elmer. Pode falar o que quiser, mas jamais acreditarei que ele realmente gosta tanto assim da Evelyn. *Olhe só* para Walter Starrocks! Tem como esquecer o dia em que *eles* se casaram e ele ficou parado lá, com o fraque coberto de pelos de gato? Walter está ficando com bolsas debaixo dos olhos. Sim, é verdade que todos estamos envelhecendo. Mas acho que a vida que Ella Starrocks o obriga a ter... Não me diga que você nunca ouviu! Bem, lembre-me de contar um dia desses. Finalmente, eles chegaram. Não gosto muito desses véus com tiara, mas Evelyn sempre precisou ter os acessórios da moda. Como é que vai bancar seus gostos refinados com o salário de D'Arcy? Esse tom definitivamente não cai bem em Marnie. Diana Blythe ficou muito bem com ele, contudo. Quanto a Rhea... Bem, não importa o que *ela* vista... É só uma pena ter a harmonia quebrada, não acha? Marnie é a irmã modesta, então conseguirá o melhor marido, pode acreditar em mim. Não sei por que, mas é sempre assim. Suponho que elas não sejam tão exigentes. D'Arcy parece ter vencido cem rivais na luta por Evelyn, e não ser a segunda opção. Mas é claro que ele não sabe *disso*. Certamente é feio, acho... exceto pelos olhos... Mas acredito que mulheres com maridos feios têm uma vida melhor. Não precisam passar o tempo todo maquinando para garantir que o marido fique. Bem, correu tudo muito bem. Estou contente por Amy...

Ela se incomoda tanto com coisas pequenas. Sem dúvida passou um mês inteiro rezando toda noite para que o tempo estivesse bom. Ouvi dizer que a senhora Blythe acredita em orações. Já ouviu algo tão engraçado nos dias de hoje?

Tio Douglas March pensa:

"Muitas mulheres magras por aqui. Não vemos mais, hoje, aquelas belas curvas. Isso era nos tempos em que as garotas usavam franja e mangas bufantes... E eram, no fundo, as mesmas meninas, segundo o doutor Blythe. A esposa dele é a mulher mais bonita daqui. Parece uma *mulher*. A igreja até que está bem decorada. Preciso reparar bem em todos os detalhes para contar à mama. Uma pena que ela não pôde vir. Mas reumatismo é reumatismo, como diz o doutor Blythe. Que diferença entre este casamento e o do meu pai. O pai *dele* lhe deu um cavalo de catorze anos de idade e um potro de dois anos, um conjunto de arreios, um trenó e algumas provisões. Ele pagou vinte dólares pelas roupas, pelo pastor e pela licença, comprou umas cadeiras, uma mesa e um fogão velho. O pai *dela* lhe deu vinte e cinco dólares e uma vaca. Ora, ora, para que é que trabalhamos tanto se não for para dar às crias algo melhor que os antepassados tiveram? E, mesmo assim, eles não parecem mais felizes que nós. É um mundo muito estranho. Lá vêm eles. Evelyn é um colírio para os olhos. Quando não está diante de mim, nunca consigo acreditar que é tão bonita quanto me lembro. Tem o nariz de Jim... Filho de peixe, peixinho é. Era de esperar... Embora Amy seja uma coroa bonita... Sempre gostei dela. Bem-apessoado o rapaz que Evelyn fisgou, também... Não muito bonito... mas parece ser confiável. Que vestido! Mama casou-se com um vestido bem simples. Será que hoje ninguém mais usa roupas simples? Um nome tão bonito... e coisas tão bonitas. Ah, em momentos como esse, o corpo percebe que não é mais jovem.

Meus dias de juventude já se foram... Mas aproveitei... Aproveitei. Ora, ora, se não é a velha Mollie Hamilton ali, sorrindo como a garotinha travessa que sempre foi. Era uma moçoila de cabelos ruivos quando Amy a contratou... certo dia em que estava visitando a ilha. Agora, Mary está grisalha como um texugo. Eles devem tê-la tratado bem, tendo em vista que permaneceu com eles. Eles não criam mais aquela raça de gatos dela. Ela sempre afirmou que nunca se casaria... 'Não se pode confiar em homem nenhum', dizia. Bem, manteve sua palavra. Talvez tenha sido uma decisão sábia. Há pouquíssimos homens em que se pode confiar... Se eu mesmo for um deles. Exceto o doutor Blythe, é claro. Eu confiaria minha esposa a *ele*. Agora, vamos ao banquete. Não se fazem mais jantares de casamento como nos bons e velhos tempos, contudo. 'Não coma nada que você não consiga digerir, papa', alertou mama. 'É possível digerir qualquer coisa se você tiver coragem, mama', foi o que respondi. Ouvi o doutor Blythe dizer isso certa vez, mas mama não sabe. Um belo casamento... Sim, um belo casamento. E uma noiva feliz! Já vivi o bastante para reconhecer algo verdadeiro quando vejo. Pelos céus, já vivi. *Eles* permanecerão casados. Mama terá de ler tudo sobre o casamento no *Enterprise*. Eu jamais conseguiria fazer justiça. Com o *Enterprise* e a senhora Blythe, ela terá uma boa ideia. Só devo pedir à senhora Blythe que não conte à mama que me viu comer coisas indigestas. Por sorte, ela é uma mulher em que se pode confiar. São poucas e raras. O doutor Blythe é um homem de sorte".

Uma das convidadas, de pensamento cínico, pensa:

"Hum... Crisântemos brancos e palmeiras. Eles fizeram um belo trabalho... embora eu tenha ouvido falar que os crisântemos vieram da pequena estufa de Ingleside. E, todos que deveriam estar aqui, estão... Parentes que não acabam mais... E, é claro, todos os curiosos de Glen e dos distritos vizinhos. Espero que o noivo não seja traído... Apesar de, hoje, não haver mais muito disso, graças aos deuses, onde quer que eles estejam. Conseguiram até trazer o velho tio Douglas lá de Mowbray Narrows. Ele está do lado de cá da fita, então é convidado. Como devem ter odiado hospedá-lo... ao menos Amy! Jim sempre foi afeiçoado à família, mas duvido que Amy seja. É claro que ele é tio de Jim, e não dela, mas daria na mesma. Pobre Prue Davis... Sorrindo com os lábios, mas não com os olhos... A esperança que se adia faz adoecer o coração. Estranho... Aprendi esse provérbio na escola dominical há cinquenta anos. Quem dera Prue soubesse como ela está bem de vida! Naftalina! Quem é que está fedendo a naftalina nesta época do ano? Lá vêm eles... Evelyn está bonita... O perfil e os cílios sempre foram seus pontos fortes... 'Que o amor do passado fique no passado; avante com o amor novo.' Noiva de Elmer Owen dois meses atrás... E, agora, casando-se com um homem que odiara a vida toda. Pobre D'Arcy! Suponho que toda essa frioleira estivesse preparada, na verdade, para o casamento com Elmer, até mesmo o vestido. Amy parece preocupada. Bem, *tive* que ver *minhas* duas filhas se casarem com o homem errado. Marnie está bastante radiante... Tem o dobro de vigor de Evelyn, mas ninguém repara nela quando Evelyn está por perto. Talvez tenha uma chance, agora que Evelyn está indo embora. Jim está fazendo tudo corretamente... Um marido bem treinado... Era louco por mim antes de conhecer Amy. Se eu tivesse me casado com ele, ele seria mais bem-sucedido, em termos profissionais... Mas será que estaria tão feliz? Duvido. Eu não teria conseguido fazê-lo acreditar ser o suprassumo que Amy consegue. Meu senso de humor teria impedido. Provavelmente acabaríamos no tribunal de divórcios. Esse pastor sempre prolonga os sermões desse jeito? Parece ter aperfeiçoado a arte de falar por cinquenta minutos sem dizer coisa nenhuma. Não que eu seja uma especialista em sermões, longe disso. Dizem que os Blythes vêm à igreja todo domingo. O hábito é poderoso. Mas dizem que há uma espécie de laço entre as famílias. Suponho que eles queiram manter um bom relacionamento. Aquela velha e majestosa viúva de *chiffon* azul, com as pérolas antiquadas, deve ser a mãe de D'Arcy. Dizem que ela dedicou toda a vida a ele... E agora precisa entregá-lo a uma garota qualquer. Como deve odiar Evelyn! Osler tinha razão quando disse que todo mundo deveria ser mergulhado em clorofórmio aos quarenta anos... Ou eram sessenta? Mulheres, de toda forma. Não é estranho como as mulheres odeiam abrir mão dos filhos homens, mas ficam sempre tão felizes quando suas meninas se casam? Olhe só para Rhea Bailey! Essas meninas ossudas nunca deveriam usar vestidos delicados. Nesse caso, contudo, é claro que ela não teve escolha. De nada importaria, de toda forma. As garotas Baileys nunca tiveram bom gosto para vestidos. 'Na alegria e na tristeza.' Soa lindo... Mas será que realmente existe algo como o amor no mundo? Todos acreditamos nele até completarmos vinte anos. Ora, eu costumava acreditar. Antes de me casar com Ramsay, costumava passar noites acordadas para pensar nele. Bem, isso continuou acontecendo depois que nos casamos, mas não pelo mesmo motivo. Era para imaginar com que mulher ele estaria. Como será que está o novo casamento dele? Às vezes, penso que fui tola em me divorciar. Uma casa e um título são um bom negócio. Bem, acabou. A senhora Evelyn March agora é a senhora D'Arcy Phillips. Dou três anos para eles se divorciarem... Ou ao menos até quererem se divorciar. É claro que a criação de D'Arcy pode impedir isso. Suponho que os fazendeiros de Mowbray Narrows não se divorciem com frequência. Mas quantos, mesmo entre eles, se casariam com a mesma mulher novamente? O doutor Blythe se casaria, realmente acredito nisso... Mas quanto aos demais... É como aquela velha esquisita da Susan Baker diz: 'Se você não casa, gostaria de ter casado... E, se casa, gostaria de não ter casado'. Mas todos gostariam de ter a chance".

A mãe da noiva pensa, um tanto avoadamente:

"Eu *não vou* chorar... Sempre disse que não choraria quando minhas filhas se casassem... Mas *o que* vamos fazer sem nossa querida Evelyn? Graças a Deus Jim não parou no lugar errado... Evie parece um tanto pálida... Eu *disse* que ela deveria passar um pouco de maquiagem... Mas nem Jim nem D'Arcy gostam. Lembro-me de que eu parecia um tijolo vermelho no dia do meu casamento... É claro, uma noiva que usasse maquiagem naqueles dias ficaria mais que pálida... Marnie está muito bonita... A felicidade lhe cai bem. Como foi maravilhoso! Nunca aprovei o noivado de Evie com Elmer... Embora ele *seja* um ótimo rapaz... Sempre senti, de alguma forma, que o coração dela não estava contente... Mães *realmente* sentem essas coisas. Mas Marnie o ama de fato. É uma pena que ele não tenha podido vir... É claro, contudo, que seria estranho... Ninguém teria entendido... E anunciar o noivado agora seria péssimo. Sempre adorei D'Arcy... Ele não é rico, mas eles não serão mais pobres que eu e Jim quando começamos nossa vida... E Evie é reconhecidamente uma ótima cozinheira e administradora, graças à querida Mary. Parece que foi ontem que fizemos o chá de debutante de Evie... Como ela estava linda... Todos comentaram... Tímida o suficiente para realmente parecer uma flor em botão, como a chamaram. Patricia Miller e aquele filho artista vieram, afinal de contas. Realmente espero que ele não fique irritado por não termos pendurado o quadro que ele mandou como presente. Mas ninguém sabia dizer, de verdade, qual lado era para cima... Atualmente, os artistas têm feito umas pinturas extraordinárias.

Espero que corra tudo bem na recepção... E que ninguém repare no buraco no carpete do corredor. Foi muito gentil da parte dos Blythes nos dar os crisântemos... Eu não queria, no entanto, todas essas rosas no salão da recepção. Mas Jim estava tão decidido de que sua filha deveria ter um belo casamento... Meu querido Jim, ele sempre idolatrou suas meninas. Somos muito felizes, eu e ele, embora tenhamos nossos altos e baixos... Até mesmo nossas brigas. Dizem que o doutor Blythe e a esposa nunca tiveram uma única briga... Mas *nisso* não acredito. Discussões, que seja. Todos têm. Ele os está declarando marido e mulher... Não vou chorar... *Não vou.* Já basta ver Jim com lágrimas nos olhos. Suponho que as pessoas pensarão que não tenho sentimentos...".

A mãe do noivo reflete, calmamente:

"Meu garoto querido! Como está bonito! Não sei se ela é a moça que eu teria escolhido para ele... Foi criada como filha de um homem rico... Mas, se ele está feliz, de que importa? Susan Baker me disse que Mary Hamilton lhe contou que não havia nada que ela não pudesse fazer. Quem dera o pai dele estivesse vivo para vê-lo hoje! Estou feliz por ter optado por aquele móvel de nogueira para a sala de jantar como presente. Só tive uma madrinha quando me casei... Ela usou um chapéu de renda branca, com aba larga e maleável. Diana Blythe é a mais bonita de todas as madrinhas. D'Arcy está beijando sua esposa... *Sua esposa...* Como isso soa estranho! Meu bebezinho se casou! Ela tem um rosto meigo... Ela *realmente* o ama... Tenho certeza disso... Apesar daquele noivado com Elmer Oswen. Havia algo que eu não entendia... E jamais entenderei, suponho. Mas D'Arcy parecia bastante convencido, então tenho certeza de que está tudo bem. Ah, o que seria do mundo sem a juventude? No entanto, passa tão rápido... Ficamos velhos antes de percebermos. Nunca acreditamos que chegará... Então, um dia, acordamos e descobrimos que estamos velhos. Ah, pobre de mim! D'Arcy, todavia, está feliz... Isso é tudo o que importa agora. E acredito que vai durar. É estranho pensar em como eles costumavam brigar, contudo... desde que os Marchs começaram a migrar para Glen St. Mary, bem antes de eles construírem Merestead. Mas só nos conhecíamos quando já éramos adultos... E era amor à primeira vista. As coisas *são* diferentes hoje, não importa o que digam... Não tenho mais filho... Mas se ele está feliz...".

O pai da noiva pensa:

"Minha garotinha está linda. Um tanto pálida... Nunca gostei de noivas maquiadas, contudo. Graças a Deus as saias decentes voltaram à moda. Parece que não faz tanto tempo que Amy e eu estávamos ali no lugar deles. Evie não é uma noiva tão bonita quanto a mãe foi, no fim das contas. Esse vestido cai bem em Amy... Ela parece tão jovem quanto qualquer uma delas... Uma mulher maravilhosa. Se eu tivesse que escolher novamente, faria a mesma escolha. Ninguém mais se compara a ela. Suponho que logo teremos de enfrentar também a perda de Marnie. Bem, éramos só eu e a mãe no início, e acho que podemos suportar ficar sozinhos de novo. É só que... Éramos jovens naquela época... Isso faz toda a diferença. Mas se as garotas estão felizes...".

O padrinho pensa:

"Nunca alguém me verá em um apuro como esse... Embora aquela madrinha *seja* bonita... olhos oblíquos como os de uma fada... brilhando como estrelinhas... Mas um homem viaja mais rápido quando viaja sozinho. A madrinha Blythe é uma verdadeira beldade... Mas já me disseram que ela está prometida. A noiva parece um tanto fria... Meio que como uma freira frígida. Por que será que D'Arcy é tão louco por ela? Parece-me que ouvi algo sobre outro noivado. Espero que ele não seja apenas um prêmio de consolação. Que os deuses não permitam que meus sapatos ranjam quando eu atravessar a nave da igreja, como os de Hal Crowder... E que eu não derrube a aliança como Joe Raynor... Saiu rolando até parar justamente nos pés da garota que o noivo tinha namorado. A decoração está muito bonita para uma igreja do interior. Terminou... D'Arcy está engaiolado... Pobre D'Arcy!".

Marnie March, a dama de honra, pensa:

"Como será solitário sem minha querida Evie! Ela sempre foi tão meiga comigo. Mas logo terei Elmer, e isso significa tudo para mim. Não *consigo* entender como é que Evelyn poderia preferir D'Arcy a ele, mas estou muito grata por isso. Gostaria que ele não fosse tão rico... As pessoas dirão que estou me casando com ele por causa do dinheiro. Ora, eu o agarraria de imediato mesmo se ele não tivesse um único centavo no bolso. D'Arcy é um bom rapaz. Acho que vou gostar de tê-lo como cunhado... Embora jamais tenha conseguido suportar a maneira como ele ri. Soa tão zombeteiro. Acho, contudo, que não é essa a intenção. Gostaria que Elmer pudesse me ver agora. Esse azul-pervinca me cai bem. Não tão bem quanto em Diana Blythe, no entanto. É preciso um tom de cabelo diferente do meu. Pergunto-me se ela realmente está noiva daquele garoto, Austin... E se o ama tanto quanto eu amo Elmer. Não, *isso* é impossível. Ah, é terrível... e maravilhoso... e viajante amar alguém como amo Elmer. Nós, os Marchs, nos entregamos completamente quando amamos! Aquelas semanas horríveis em que pensei que ele se casaria com Evie! E pensar que um dia cheguei a dizer que ele parecia um garoto-propaganda! Ah, espero não engordar mais! Não comerei nada além de suco de laranja para o café da manhã depois disso tudo. Isso *deve* fazer alguma diferença. Aquelas garotas Blythes podem comer o que quiserem e estão sempre magras como um bambu. Deve ser predestinado. Seria um escândalo e tanto se eu e Elmer também nos casássemos hoje, como queríamos. É claro que não seria possível... As pessoas teriam fofocado pelos cotovelos... É estranho como nunca podemos fazer o que realmente queremos neste mundo por causa do medo do que as pessoas dirão! Mas, enfim, queria recuperar o fôlego após o noivado. Não daremos uma festa enorme como esta, de toda forma... Estou decidida. Ah, como a cerimônia é terrivelmente solene! 'Até que a morte nos separe.' Estaremos falando *realmente* sério. Isso me deixa eufórica! Ah, Elmer!".

O noivo pensa:

"Será que ela realmente virá depois da forma monstruosa como sempre a tratei? Da época em que éramos crianças e eles tinham aquele pequeno chalé no final da nossa fazenda em Mowbray Narrows. Eu era apenas um jovem ciumento e idiota! Suponho que Mollie esteja em algum lugar lá nos fundos. Que Deus a abençoe! Quando penso no que teria acontecido sem ela... *Ela está vindo!* E preciso ficar parado aqui feito um graveto, em vez de correr para encontrá-la e tomá-la nos braços! Harry parece frio como um pepino. Mas não é ele quem está se casando com Evie! Como ela está linda! Que Deus me ajude a fazê-la feliz... Torne-me digno dela... Eu gostaria de ter sido um homem melhor... Acabou... Ela é minha esposa... *Minha esposa!*".

A noiva pensa:

"Será que este é algum sonho maravilhoso? Será que acordarei de repente e descobrirei que me casei com Elmer? Ah, se acontecer qualquer coisa que impeça este casamento... O pastor morrer... Ele não parece muito bem... E pensar que D'Arcy sempre me amou enquanto eu pensava que ele me odiava! E a maneira como o tratei! Ah, imagine só se Mollie não o tivesse esclarecido! Marnie está tão linda. Espero que ela seja uma noiva quase tão feliz quanto eu. Ela não conseguiria ser *tão* feliz, é claro... Ninguém conseguiria. Que lindamente solene é isto! Ah, a voz dele dizendo 'eu aceito'... Pronto, espero que todos tenham me ouvido. Nenhuma noiva no mundo aceitou com mais alegria... *Eu sou esposa dele*".

O Reverendo John Meredith pensa:

"Não sei por que, mas tenho a sensação de que essas duas pessoas que acabei de casar são perfeitamente felizes. É uma pena que se tenha essa sensação tão raramente. Bem, só espero que eles sejam tão felizes quanto eu e Rosamond somos".

Mary Hamilton, em um banco nos fundos, conversando com a amiga Susan Baker:

– Claro, Susan, minha querida, e uma grande vantagem do banco do fundo é que dá *pra* ver tudo e *tudo* mundo sem dar torcicolo. A Evie, coisinha mais amada, até queria que eu me sentasse lá na frente com os convidados. Ela nunca foi orgulhosa. Mas conheço meu lugar. Lá vêm o doutor e a senhora Blythe. Ela parece mesmo uma garotinha, *pra* idade que tem.

– Ela tem o coração de uma garotinha – disse Susan, suspirando –, mas nunca mais foi a mesma depois da morte de Walter.

– Bom, ele morreu por uma causa gloriosa. O meu *subrinho* também foi. Hoje sou uma mulher feliz e orgulhosa, Susan Baker...

– Não estou questionando isso, se tudo o que ouvi for verdade. Mas não se pode acreditar em tudo o que se ouve.

– Não, nem *num* décimo. Bom, vou te contar a verdade, Susan, se tu me *prometer* de pé junto que nunca vai contar nadica de nada *pra ninhuma* viv'alma. Me disseram uma coisa sobre *tu* quando comecei a vir *pra* igreja... Quanto tempo atrás?

– Não importa – respondeu Susan, que não gostava de ser lembrada da própria idade. – Conte logo sua história antes que eles cheguem.

LUCY MAUD MONTGOMERY

– Bom, Susan Baker, tenho visto um milagre acontecer... Vários milagres, *pra* falar a verdade.

– É um milagre ver Evie se casar com D'Arcy – concordou Susan. – Todos pensavam que eles se odiavam.

– Nem todos, Susan... Eu, não. *Eu* sempre *sabia* da verdade. Quanto aos milagres, como tudo na vida, acontecem de três em três. Já percebeu?

– Certamente que sim.

– Bom, eu nem *tava* esperando qualquer coisa assim dois meses atrás, com minha pitoquinha quase se casando com o homem errado e Marnie de coração partido por causa disso, e tudo *tava* tão de ponta--cabeça que eu jamais podia imaginar que o Homem Lá de Cima *tava* mexendo seus pauzinhos.

– Então ela *estava* noiva de Elmer Owen? Várias pessoas tinham me dito, mas ninguém parecia ter certeza.

– É claro que *tava*... Mas tu não *vai* falar uma palavra sobre isso, Susan...

– Se a senhora Blythe perguntar na lata... – respondeu Susan, em dúvida.

– Bom, não me importo que *ela* saiba... É melhor do que ela ouvir um monte de fofoca. E me disseram que ela sabe guardar segredo.

– Como ninguém – garantiu Susan. – Quando algo importante está em jogo. Ela nunca contou a ninguém sobre mim e Lua de Bigode.

– Ela pode não ter contado, mas *tudo* mundo ficou sabendo.

– Ah, bem, sabe como são as fofocas. E é claro que o Lua não conseguiu ficar de bico calado. Ele vive me acusando, desde...

– O que é que tu *esperava* de um homem? Bom, voltando *pra* minha história. Nunca houve ninguém *pra* Evie além do D'Arcy, e não acredite se alguém te disser o contrário, Susan.

– Não acreditarei. Mas é verdade que eles viviam brigando, desde que eram crianças...

– E tu não me *contou* que a Rilla e o Kenneth Ford costumavam brigar feito gato e rato quando eram pirralhos?

– Era diferente – respondeu Susan apressadamente.

– Nem um pouquinho. A criançada vive brigando. Eles se amam desde que cresceram, mas *num* sabiam. É assim que algumas pessoas se cortejam. Eles não *iam brigar* se não se gostassem. Começou na primeira vez que eles se viram, quando ele tinha dez e ela tinha sete anos, e eles estavam morando lá na casa dos Phillips até o chalé ficar pronto. Ela jogou uma enorme bola de lama nele só *purque* ele *tava* se engraçando com uma prima que *tava* arrastando a asa *pra* ele.

– Eles começavam cedo, naqueles tempos – comentou Susan, suspirando. – Talvez, se minha mãe não tivesse dito que eu precisava me comportar quando garotos estivessem por perto... Mas agora é tarde demais... E estou contente com meu pessoal... Enquanto eu puder trabalhar...

– É claro, e ninguém começava mais cedo que agora. Mas se tu *continuar* me interrompendo, Susan Baker...

– Continue. É só... Bem, algum homem decente alguma vez lhe pediu em casamento, Mary Hamilton?

– Milhões de homens. É, de toda forma, o que eu sempre digo *pras* pessoas que fazem perguntas impertinentes.

– *Eu* fui criada para dizer a verdade – disse Susan com orgulho.

– Bom, se tu não *quer* ouvir minha história...

– Continue – respondeu Susan em tom resignado.

– Bom, ele deu um banho de mangueira nela como toco pela lama.

Ah, a confusão que foi com as duas mães ralhando com eles! E todo verão era a mesma coisa, quando a gente vinha *pra* Mowbray Narrows. O jeito *que eles* brigavam se tornou uma brincadeira na família. Aí a mãe dela proibiu que a *minina* fosse até a casa dos Phillips...

– As pessoas diziam que ela era orgulhosa demais para se relacionar com o pessoal do interior, eu me lembro – comentou Susan.

– *Tá* aí uma bela *duma* mentira. Não tem mulher neste mundo menos orgulhosa que a senhora March.

– Exceto a senhora Blythe – murmurou Susan baixinho.

– D'Arcy costumava destruir as tortas de lama dela... Só porque achava que ela *tava* mais interessada nelas que nele, eu bem sabia... E ela derrubava os castelos de areia dele pelo mesmo motivo... Só que nem ela sabia disso, pobrezinha. E não melhorou nada à medida que eles foram crescendo...

– Kenneth e Rilla tinham mais bom senso, então – murmurou Susan.

Ela tinha, contudo, aprendido a não interromper Mary... E queria ouvir toda a história antes que a comitiva da noiva chegasse.

– Era pior, *pra* dizer o mínimo... Ela zombando e reprimindo ele, e ele troçando dela... Os dois ficando verdes de ciúmes sempre que o outro olhava *pro* lado. Os surtos que eles tinham! Passavam semanas sem se falar. *Tudo* mundo pensava que eles se odiavam... *Tudo* mundo, menos a velha Mollie Hamilton aqui, pilotando o fogão na *cuzinha* e *inchendo* o bucho deles quando eles *tavam* de bem e apareciam por lá.

"Exatamente como Kenneth e Rilla", pensou Susan.

– Acha que eu *num* via o que *tava* acontecendo? A velha Mollie Hamilton aqui ainda *num* tá cega, Susan. Ele era doidinho por ela, e ela *tava* caidinha por ele e pensando que era a última *minina pra* quem ele *ia olhar*. Mas eu pensava cá com meus *butões*: "Eles são jovens e tudo vai dar certo no final", e, nesse meio-tempo, era melhor uma briga honesta que ficar flertando, galanteando e "ficando", como dizem por aí, como o restante da moçada durante o verão. Eu costumava rir tanto dos arranca-rabos deles que *num pricisava* tomar remédio *ninhum*.

– As pessoas são diferentes – ponderou Susan Baker. – Quando qualquer criança de Ingleside brigava com os Fords ou os Merediths, eu passava metade da noite em claro, preocupada. Ainda bem que o doutor e a esposa tinham mais bom senso. A senhora Blythe costumava me dizer: "Crianças brigam assim desde que o mundo é mundo". E acho que tinha razão. Não que as nossas brigassem tanto assim. Mas me lembro de como D'Arcy Phillips e Evelyn March costumavam brigar. *Eles* causavam o maior rebuliço quando discutiam.

– Mas, no fim das contas, Susan, minha querida, *num* era motivo de riso: eles tiveram uma briga feia, mas nunca descobri pelo quê. E D'Arcy foi *pra* faculdade sem *eles fazerem* as pazes. Ele passou dois anos sem vir *pra* casa, e fiquei preocupada, sim. Porque o tempo *tava* passando, e, mesmo que ele *num* pudesse ir *pra* guerra, por causa do problema da visão curta, tinha um bocado de garoto por aí. E D'Arcy, a essa altura, já era um belo rapazote, com aqueles olhos cinza dele. Evie foi orgulhosa e fingiu não se importar, mas não sou boba. E os anos estavam passando, as amigas dela, *tudo* se casando, e o mundo *tava* ficando grande e solitário.

"Sei bem como é *essa* sensação", pensou Susan. "Não sei o que seria de mim se não tivesse sido acolhida pelo pessoal de Ingleside. O doutor gosta de me provocar em relação ao velho Lua, mas agora que não tenho mais raiva daquele velho tolo posso ao menos dizer que um homem já quis se casar comigo, qualquer que fosse seu motivo."

– Aí, no inverno passado, ela foi passear em Montreal e voltou *pra* casa noiva do Elmer Owen.

"Ah, finalmente ficarei sabendo a verdade", pensou Susan triunfantemente. "Os boatos que têm corrido por aí deixam a gente zonza... Alguns dizem que ela estava noiva, outros dizem que não... E a senhora Blythe me disse que não era da conta de ninguém, só deles mesmos. Talvez não seja... Mas a gente gosta de saber a verdade."

– Tomei um susto e tanto – disse Mary. – Porque sabia muito bem que ela não *amava ele*. E também não era pelo dinheiro dele, Susan Baker. "Foi ele que escolhi, Mollie", foi o que ela me disse.

"Como eu teria dito se tivesse aceitado o Lua", pensou Susan.

– "Ah, se tu *teve* que escolher, ele *num* é o homem certo *pra tu*", falei. "Não tem isso de 'escolher' o homem certo", falei. "Um *pertence* ao outro..." "Como *tu* e o D'Arcy", eu queria ter dito, mas *num* disse. E é claro que *tudo* mundo começou a falar que ela *tava* aceitando o Elmer porque ele era milionário e comentando que *ia ser* ótimo *pra* ela... Talvez tu *tenha* ouvido as fofocas, Susan Baker.

– Ouvi alguma coisa – Susan respondeu, com cautela, que tinha ouvido e acreditado. – Mas sempre se diz isso quando uma garota se casa com um homem rico.

– Eu quase *murri* de raiva e desgosto, Susan Baker. *Tava* pronta *pra* odiar o pobre do Elmer quando ele veio *pra* cá em junho. Mas *num cunsigui*, porque o rapaz era bom que só, mesmo com todo aquele dinheiro...

– A senhora Blythe disse que ele era um dos homens mais gentis que conhecera e que achava Evelyn March uma garota de sorte.

– Ah, bom, *num* dá *pra culpar ela*, que *num* sabia. *Tudo* mundo gostava dele... Até mesmo a Evie. A Marnie ficou ressabiada no começo... Ah, essa é uma *minina* de ouro, Susan Baker...

Os contos dos Blythes – Volume 2

– Sempre gostei dela, embora a tenha visto pouco – confessou Susan, também pensando: "Ela nunca foi afetada como a Evelyn".

– A Evie é, de longe, a minha preferida, porque cuidei dela quando ela era bebê e a mãe *tava* adoentada.

"Exatamente igual a mim e Shirley", pensou Susan.

– Então ela sempre pareceu ser minha própria filha. Mas a Marnie é um docinho, e, quando começou a choramingar pela casa, fiquei preocupada, Susan Baker...

– Quando Shirley teve escarlatina, achei que fosse enlouquecer – disse Susan. – Mas sempre gosto de pensar que não deixei a senhora Blythe na mão mesmo assim. Noite após noite, Mary Hamilton...

– Marnie não conseguia suportar falar do casamento... E eu pensava que era por ela se sentir mal porque a Evie ia embora, e talvez porque *tinha* ficado um pouco chateada porque o Elmer disse "oi, cigana" *pra* ela quando Evie apresentou os dois. "Oi, garoto-propaganda", foi o que a Marnie respondeu. Ela com certeza nunca deixou de ter resposta, *pro* que quer que fosse, quando as pessoas provocavam. Eu *num* conseguia enxergar, Susan Baker, mas, quando a gente olha *pra* trás, consegue ver coisa que *num* via, mesmo *tando* debaixo do nosso nariz.

– Você nunca falou algo tão verdadeiro, Mary Hamilton – concordou Susan, perguntando-se se Mary um dia chegaria ao ponto-chave da história.

– Só que eu não sabia o que tinha de errado. Enfim, tudo *tava* correndo bem, e os planos estavam nos conformes, e o Elmer voltou *pra* Montreal. Depois que ele foi embora, entrei no quarto da Marnie *pra* varrer, pensando que ela *tava* fora, mas ela *tava* sentada lá, chorando, Susan Baker... Chorando tão bonito... Sem fazer barulho... Só umas lágrimas gordas escorrendo por aquelas *bochechinhas* lindas dela.

"É assim que a senhora Blythe chora", pensou Susan. "É o jeito verdadeiro de chorar. Lembro quando Shirley... E Walter..."

– "Minha querida, o que aconteceu?", perguntei *pra* ela, já meio apavorada. *Num* é normal ver a Marnie chorar. "Ah, nada demais", ela respondeu, "é só que *tô* apaixonada pelo homem *que* minha irmã vai casar... E vou ser a dama de honra... E queria *tá* morta", ela falou. Fiquei chocada, Susan Baker!

"Assim como fiquei quando Rilla trouxe o bebê para casa na sopeira", pensou Susan. "Jamais esquecerei esse dia!"

– Eu *num cunsiguia* – continuou Mary – pensar em nada *pra* dizer, só coisa idiota, que nem: "Tem homem de sobra no mundo, minha querida. *Pra* que ficar desse jeito por causa de um?". "Porque ele é o único *pra* mim", respondeu a pobre Marnie.

– Eu mesma, solteirona que sou, saberia que ela responderia isso – comentou Susan.

– "Mas *tu* não *precisa se* preocupar", ela disse. Como se a gente conseguisse afastar a preocupação. "Evelyn *num* vai ficar sabendo disso... Nem mesmo suspeitar. Ah, Mollie...", ela disse, falando umas coisas impulsivas, do tipo: "Quando *vi ele* pela primeira vez, *chamei ele* de 'garoto-propaganda', e agora podia beijar os pés dele! Mas ninguém mais vai ficar sabendo fora *tu*, Mollie, e se *tu* contar *pra* alguém eu te mato a sangue-frio". Então eu *num* devia *tá* contando *pra tu*, Susan Baker, e minha consciência...

– Não se preocupe com a sua consciência, Mary Hamilton. Marnie estava se referindo à própria família, e, de toda forma, tudo mudou desde então. Ela não se importaria agora – garantiu Susan, sentindo-se um tanto culpada, mas consolando-se no fato de que nunca mencionaria aquilo a qualquer alma viva.

– Que tal essa? – Mary Hamilton estava envolvida demais na própria história para ouvir as interrupções de Susan Baker. – Se contar *pra* alguém fosse melhorar alguma coisa, eu *tinha* berrado aos quatro ventos de cima do telhado. Mas *num pudia*, então fiquei de bico fechado. E daí, além disso tudo, surgiu nosso querido D'Arcy, louco de raiva, eu *pudia* perceber muito bem, mas agindo frio que nem gelo. Ouvi tudo enquanto eles brigavam na varanda. Não que eu fique ouvindo as coisas de propósito, Susan Baker, mas, quando as pessoas são próximas assim da gente, *num* dá *pra* ficar sem ouvir o que elas *tão* falando. Ele foi curto e grosso. "*Tu tá* se vendendo por dinheiro? Não acredito até ouvir da tua boca", ele disse. "Vou me casar com Elmer Owen", respondeu a Evelyn, com educação, "e acontece que *amo ele*, senhor Phillips." "Tu *tá* mentindo", retrucou D'Arcy... Já não *tava* tão educado mais, Susan Baker. E a Evie disse, ainda mais fria que ele e morrendo de raiva: "Sai da minha frente, D'Arcy Phillips, e fica longe de mim".

"Quando as classes mais altas se põem a brigar, não são muito diferentes de nós", pensou Susan. "Isso soa exatamente como algo que o Lua de Bigode teria dito para mim durante um de seus surtos."

– "Vou fazer exatamente isso", disse D'Arcy. "Estou indo para Nova Iorque esta noite"... Ele ia passar um ano lá fazendo treinamento, seja lá o que isso quer dizer. "E *tu* nunca mais *vai* me ver de novo, Evelyn March." Já ouviu um absurdo desses?

– Muitos – respondeu Susan.

– Bom, depois disso, ele foi embora. E minha pobre pitoquinha entrou na *cuzinha* e olhou *pra* mim, ainda com a cabeça erguida, mas com a tristeza estampada naquele rostinho. "Ele foi embora, Mollie", ela disse, "e nunca mais vai voltar. Queria estar morta." "Tu *quer* que ele volte?", perguntei *pra* ela. "Nada de mentiras agora, minha pitoquinha.

Uma mentira pode ser um refúgio, e eu *num* culpo *ninhuma* mulher por escapulir *pra* lá de vez em quando..."

"Quantas vezes eu disse que não me importava se um dia me casaria ou não", refletiu Susan Baker. "Exceto para a senhora Blythe. De alguma forma, jamais consegui mentir para ela."

– "... mas isso é sério demais. *Tá* tudo muito bagunçado, e vou dar um jeito de arrumar, mas preciso saber qual é a situação real." "Eu *quero ele* de volta... E ele é o único que eu amo e que vou amar na vida", ela disse. Como se eu não soubesse disso e não tivesse sabido a vida toda! "Aí *tá* a verdade, finalmente. Mas é tarde demais. O trem dele sai em quinze minutos. Eu não *ia ceder*... Meu orgulho não deixou... E agora ele foi embora... Ele foi embora! E, de qualquer forma, ele sempre me odiou!" Eu tinha escolhido aquele dia *pra* limpar a lareira, Susan Baker, e *tava* suja de dar dó! Mas não tinha tempo *pra* colocar as roupas da última estação. Fui lá *pra* garagem... Ainda bem que, pelos céus, o automóvel *tava* lá! Arranquei um pedaço da porta da garagem quando fui dar a ré e passei por cima da floreira de lírios. Nunca teria chegado se fosse pela estrada, mas sabia *duma* ruazinha alternativa.

"O atalho perto da estrada de Mowbray Narrows", pensou Susan. "Não é usado há anos. Pensei que estivesse fechado. Mas para uma mulher como Mollie Hamilton..."

– Lá fui *numa* velocidade que não é de Deus...

"O doutor disse que a encontrou e que nunca antes escapara por tão pouco de uma colisão frontal na vida", pensou Susan.

– Agradeci aos céus por *num* ter *pulícia* nesta parte da ilha... E nunca tinha tido a satisfação de passar dos cem por hora. Pouquinho antes de chegar no atalho, vi um gato preto enorme, parecendo que ia atravessar a rua, e meu coração parou. Tu *pode* até pensar que sou uma velha supersticiosa e tola, Susan Baker...

– Eu, não – afirmou Susan. – Não sei se acredito muito em gatos pretos... Embora me lembre de um ter cruzado meu caminho na noite anterior à notícia do falecimento de Walter... Mas deixemos isso para lá. Sonhos, contudo, são outra história. Enquanto a Grande Guerra estava acontecendo, tinha uma senhorita Oliver hospedada lá em Ingleside. E aquela garota tinha cada sonho! E todos se tornaram realidade. Até mesmo o doutor... Mas, quanto aos gatos, cada um tem sua opinião sobre eles. Já lhe contei a história do nosso Jack Frost?

– Já... Mas eu *tava* pensando que era a minha história que *tu* queria ouvir...

– Sim... Sim... Continue – disse Susan em tom arrependido.

– Bom, ou a sorte *tava* do meu lado, ou o Tinhoso *tava* ocupado aquele dia, porque o gato deu meia-volta e foi embora, e entrei no atalho. Foi uma aventura e tanto, Susan Baker. *Num* acho que vou ter outra assim na vida de novo. Atravessei um campo todinho arado, um riacho, um lamaçal, e o quintal dos fundos da fazenda dos Wilsons. Juro *pra tu* que acertei uma vaquinha, mas, *pra* onde ela foi depois que bati nela, *num* sei te dizer...

– *Eu* sei – disse Susan. – Ela não se machucou muito, só teve um ou dois arranhões, mas saiu ilesa, e, se o doutor não tivesse convencido Joe Wilson, ou talvez se eles tivessem pagado a conta que devem, você poderia estar bem encrencada.

– Passei pelo meio do palheiro e atravessei voando um terreno de aspargos todo plano... E logo além tinha uma sebe de abetos e uma cerca de arame atrás. Eu sabia que tinha pouquíssimo tempo. Minha ideia era parar e correr *pra* estação... A estação ficava logo ali, do outro lado da rua... Mas eu *tava* com os nervos à flor da pele... E acabei pisando no acelerador, em vez do freio...

"Graças ao Bom Homem lá de cima, resisti à tentação de aprender a dirigir", pensou Susan devotamente.

LUCY MAUD MONTGOMERY

– Passei direto pela cerca...

– Sam Carter jurou que nunca vira algo assim na vida – comentou Susan.

– D'Arcy estava entrando no trem naquele instante...

"Ah, agora estamos chegando à parte interessante", pensou Susan. "Todos parecem estar se perguntando o que foi que ela disse a ele."

– Peguei *ele* pelo braço e falei...

"Pelos dois braços", pensou Susan.

– "D'Arcy Phillips, a Evelyn *tá* com o coraçãozinho partido por tua causa. Trata de voltar já *pra* ela... E, se eu um dia ouvir mais arranca-rabos entre os dois, vou é dar uma boa de uma surra, porque eu *tô* é muito cansada de toda essa baboseira e de tanto desentendimento. *Tá* na hora de vocês dois crescerem."

"Será que as pessoas realmente crescem?", refletiu Susan. "O doutor e a senhora Blythe são as únicas pessoas que conheço que realmente parecem ter crescido. O Lua de Bigode certamente não cresceu. Como corria..." E Susan se lembrou, com bastante satisfação, de uma certa panela de tintura fervente da qual o dito Lua de Bigode certa vez escapara por pouco.

– "Nem mais um *pio*", falei, bem brava.

"Dizem que ela chacoalhou o rapaz a valer", pensou Susan, "embora ninguém entendesse por quê."

– "Só faz o que eu mandar", falei. Bem, Susan Baker, hoje tu *tá* vendo com os próprios olhos o que resultou disso tudo. A empresa de seguros foi bastante razoável.

"Para sorte do pobre Jim March", pensou Susan.

– Mas *tu* ainda não *sabe* da maior. Quando a Evie contou *pro* Elmer que não ia casar com ele porque ia casar com D'Arcy Phillips, *tudo* mundo pensava que ele ia surtar! Mas ele foi frio que nem um pepino e disse... E disse... O que *tu acha* que ele disse, Susan Baker?

58

– Jamais poderia adivinhar o que qualquer homem disse ou pensou – respondeu Susan. – Mas acho que eles estão chegando...

– Bom, ele disse: "Ele é o cunhado que eu teria escolhido". Ela *num* entendeu o que ele *tava* querendo dizer. Mas ele voltou na semana seguinte com aquele automóvel azul lindão, com as rodas brilhantes. E fiquei sabendo que, no instante em que ele viu a Marnie, quando veio *pra* planejar o casamento com a Evie, sabia que tinha cometido um erro, mas era cavalheiro demais *pra* desfazer tudo. Teria ido até o fim sem falar um "A", se precisasse.

– Talvez não, se ele soubesse que Marnie também tinha se apaixonado por ele – ponderou Susan. – *São* eles... Bem, eu lhe agradeço por me contar os pormenores do caso, Mary, e se houver algo que queira saber... Desde que não envolva a família de Ingleside... Ficarei feliz em contar.

– Lá vêm eles, Susan Baker... Minha pitoquinha certamente ilumina a igreja toda, não acha? Vai demorar bastante até aparecer uma noiva mais bonita.

"Isso depende de quanto tempo vai levar até Nan e Jerry Meredith se casarem", pensou Susan. "Embora Nan sempre afirme que nunca se casará na igreja. Será no jardim de Ingleside, segundo ela. Acho que ela tem razão... Há muito espaço para fofocas nesses casamentos na igreja."

– E agora vamos fechar nossas matracas, Susan Baker, até eles estarem devidamente casados... Foi realmente um peso que tirei dos ombros. Tu *vem pra* casa comigo, Susan, *pra* tomar uma xícara de chá na *cuzinha*? Aí posso dar uma espiada nos presentes. São uma elegância só. *Tu* já viu noiva mais feliz? Sei que nunca vi uma noiva tão feliz.

"Queria ver qualquer um dizer isso à senhora Blythe, ou a Rilla", pensou Susan. Mas ela disse:

– Ele é meio pobre, pelo que ouvi.

– Pobre, é? Tenha bom senso, Susan Baker. *Tô* te dizendo que eles são ricos para além dos sonhos da avareza. Jovens... e...

– Uma velha solteirona igual a mim não sabe muito dessas coisas – interrompeu Susan, indignada. – Mas talvez você tenha razão, Mary Hamilton... Talvez tenha razão. Pode-se aprender muito observando o mundo, como Rebecca Dew costumava dizer. E o doutor e a senhora Blythe eram bastante pobres quando começaram a vida. Ah, como foram felizes os dias na Casa dos Sonhos, como eles costumavam chamar! Entristece-me o coração saber que nunca voltarão para lá. Obrigada, Mary, mas preciso voltar para Ingleside. Tenho minhas obrigações lá. Tomarei chá com você num outro dia, quando as coisas estiverem mais calmas. E agradeço de coração por você me contar os detalhes da história toda. Se você soubesse das fofocas...

– Ah, posso imaginar – disse Mary. – Mas ouve meu conselho, Susan Baker, e aprende a dirigir. Nunca se sabe quando pode ser útil.

– Na minha idade! Isso *seria* engraçado de ver. Não – respondeu Susan com firmeza. – Confiarei nas minhas próprias pernas enquanto elas me aguentarem, Mary Hamilton.

UMA MULHER COMUM

Chovera o dia todo... Uma garoa fria... Mas a noite caíra e a chuva cessara parcialmente, embora o vento ainda soprasse e suspirasse. A família Anderson estava sentada no salão de visitas (eles ainda chamavam assim) da casa feia nos arredores de Lowbridge, esperando que a tia-avó Úrsula, acamada no quarto, no pavimento superior, morresse e encerrasse logo aquela situação.

Jamais teriam verbalizado esse pensamento, mas todos o nutriam secretamente dentro de si.

No discurso e no comportamento social, eram bastante decorosos, mas todos estavam ebulindo de impaciência e um pouco de ressentimento. O doutor Parsons supunha que deveria permanecer ali até o fim, pois a velha tia Úrsula era prima de seu avô, e também porque a senhora Anderson queria que ele ficasse.

Além disso, ele não podia ofender as pessoas, mesmo parentes distantes. Estava iniciando a carreira profissional em Lowbridge, e o

LUCY MAUD MONTGOMERY

doutor Parker fora o médico dessa cidade por muitos anos. Quase todos se consultavam com ele, exceto uns poucos excêntricos que não gostavam dele e insistiam em chamar o doutor Blythe, lá de Glen St. Mary. Até mesmo a maioria dos Andersons se consultava com ele. Aos olhos do doutor Parsons, ambos eram homens de idade e deveriam dar uma chance aos mais jovens.

Mas, em todo caso, ele pretendia ser muito prestativo e fazer tudo o que pudesse para conquistar seu espaço. Era preciso, nos dias de hoje. Era muito bonito falar de altruísmo, mas isso era besteira. Na realidade, era cada homem por si.

Se ele conseguisse conquistar Zoe Maylock... A despeito de qualquer intenção romântica... O doutor Parsons pensava estar perdidamente apaixonado pela famosa beldade de Lowbridge... Isso o ajudaria um bocado. Os Maylocks eram uma família antiga bem decadente, mas ainda tinham considerável influência em Lowbridge. *Eles* também nunca se consultaram com o doutor Parker. Quando algum deles adoecia, mandavam chamar o doutor Blythe. Havia alguma rixa entre os Andersons e os Parkers. Como essas rixas perduravam!

O doutor Parker podia rir e fingir que não se importava, mas o jovem médico achava que sabia a verdade. A natureza humana era mais bem compreendida que quando o pobre e velho doutor Parker frequentou a universidade.

De toda forma, o jovem doutor Parsons pretendia ser o mais prestativo possível. Qualquer atitude pequena ajudava. Levaria algum tempo até que sua prática médica consolidasse sua reputação, infelizmente. Ele até duvidava de que Joe Anderson fosse pagar a conta... E parecia que a velha senhora que levou tanto tempo para falecer não tinha dinheiro. Diziam que o doutor Blythe, e até mesmo o doutor Parker, por vezes, embora fosse mais mundano, atendia pessoas pobres de graça. Bem, *ele* não seria estúpido assim. Fora atender a velha Úrsula porque queria cair nas graças dos Andersons, alguns dos quais eram bem abastados. E afaná-los do doutor Blythe, se possível... Embora fosse incrível a influência que aquele homem tinha no interior, mesmo estando velho. As pessoas diziam que ele nunca mais foi o mesmo desde que o filho foi morto na Grande Guerra.

E, agora, outra guerra estava acontecendo, e dizia-se que vários netos dele tinham sido convocados... Especialmente um tal Gilbert Ford, que fazia parte da Força Aérea Real do Canadá. As pessoas viviam dando indiretas de que *ele* deveria se voluntariar. Até mesmo Zoe, por vezes, parecia ter uma admiração um tanto exacerbada pelo supracitado Gilbert Ford. Mas era tudo besteira. Havia diversos zeros-à-esquerda que podiam ir.

Enquanto isso, ele faria o que pudesse por uma família pobre e decadente como a de John Anderson. Os progenitores do dito Anderson costumavam, pelo que soube, ser ricos e poderosos na comunidade. A maior lápide no cemitério de Lowbridge era de um certo David Anderson. Estava coberta de musgo e líquen, mas devia ser, na época, uma lápide e tanto.

Ele parecia se lembrar de algum boato esquisito sobre esse mesmo David e seu funeral... A velha Susan Baker, de Glen St. Mary, tinha contado a uma amiga. Provavelmente, contudo, não passava de fofoca. A velha Susan estava ficando senil. As pessoas diziam que os Blythes de Ingleside continuavam com ela por mera caridade. Sem dúvida, o que se falava era apenas fofoca. Não havia afinidade nenhuma entre os Bakers e os Andersons... Embora *essa* rixa também fosse tão velha quanto andar para a frente, como a senhora Blythe de Ingleside afirmara.

LUCY MAUD MONTGOMERY

O filho dela é que fora morto na Grande Guerra... E outro ficou aleijado. Três de seus filhos haviam lutado, pelo que se dizia. Jovens tolos!

Mas os sobreviventes agora eram homens velhos... Ao menos o jovem e imaturo doutor Parsons pensava que eram. Um dos filhos de um deles também era afeiçoado a Zoe, pelo que parecia. Ela era muito popular. Mas o médico pensava que tinha uma vantagem... Sem mencionar o fato de que corria por aí um boato de que o doutor e a senhora Blythe não aprovavam o enlace. E as más línguas, malditas sejam, diziam que ele largara Zoe porque ela, certa vez, fizera troça de Susan Baker. Ou teria sido Gilbert Ford?

Bem, não importava. Toda aquela história era improvável. Como se qualquer homem em sã consciência fosse "largar" Zoe Maylock! Nem mesmo Gilbert Ford, com seu ranço de Toronto!

Bem, graças a Deus a velha Úrsula Anderson estava morta, ou quase. O jovem doutor Parsons olhou furtivamente para o relógio. Tinha certeza de que os Andersons ficariam secretamente contentes... E não os culpava nem um pouquinho. Transtorno e despesas foram tudo o que ela significou para eles por anos, embora tivesse ganhado seu dinheiro como costureira até ter bastante idade, pelo que ele sabia. A ideia o fez rir secretamente. Era muito engraçado pensar em qualquer pessoa usando um vestido feito por Úrsula Anderson. A pessoa ficaria com a aparência de alguém que saíra de uma daquelas fotografias desbotadas pavorosas ou de retratos desenhados que ele tantas vezes fora convidado a admirar.

Será que aquela velha no pavimento de cima *nunca* iria morrer? Ele gostaria de ter inventado uma desculpa para ter ido embora há muito tempo. Era nisso que dava ser prestativo demais. E estava muito tarde para ir até a casa de Zoe. Talvez Walter Blythe, cujo nome era uma homenagem ao tio, é claro, estivesse passando a noite com ela. Bem, que vença o melhor homem! O doutor Parsons não tinha dúvida quanto a quem seria. Zoe podia ficar zangada, ou fingir, mas um médico sempre conseguia pensar em uma boa desculpa. E Gilbert Ford, a quem ele temia em segredo mais que Walter Blythe, retornara a Toronto.

Zoe, com seus olhos maravilhosos, suas belas mãos alvas e sua voz de passarinho! Parecia absurdo pensar que Zoe e a velha tia Úrsula eram do mesmo gênero.

Bem, elas não eram... Não podiam ser... E isso era tudo. Úrsula Anderson nunca fora uma garota jovem, com corpo curvilíneo e lábios vermelhos. Se não fosse pela agitação da senhora Anderson, talvez ele tivesse ido passar a noite com Zoe em vez de ficar ali, sentado na entulhada sala dos Andersons, esperando morrer uma velha cansativa, que nunca fora de importância nenhuma para qualquer pessoa, e perguntando-se como a senhora Anderson conseguia viver com aquele carpete em casa.

Ele começou a planejar a casa em que ele e Zoe morariam se (quando) ele a conquistasse. Não havia nada em Lowbridge que lhe agradasse... Ele precisaria construir. Uma casa parecida com a de Ingleside... Mais moderna, é claro. É estranho, entretanto, como Ingleside sempre pareceu moderna. O doutor Parsons precisava admitir. E também não sabia explicar por quê. Seria porque vivia abarrotada de crianças? Não, era a mesma coisa quando estava vazia. Bem, ele e Zoe teriam tudo o que fosse de mais moderno, de toda forma. Quanto a filhos... eles precisariam esperar um pouco para tê-los. Famílias grandes, entre tantas outras coisas, tinham caído de moda. *Bem como*, graças a Deus, carpetes como aquele!

A senhora Anderson tinha muito orgulho de seu carpete, que um tio de Charlottetown lhe dera de um estoque já ultrapassado. Mas, naquele exato momento, estava se sentindo irritadiça e mal-humorada. Era uma época muito inconveniente para tia Úrsula morrer, com o casamento de Emmy para ser planejado e a roupa de Phil a ser providenciada para sua ida à Universidade de Queen's. E todas as despesas do funeral... Bem, as pessoas simplesmente precisariam esperar para receber as contas. O doutor Parsons, por exemplo. É claro que eles precisavam chamá-lo, tendo em vista que era um parente distante. Mas ela preferia ter chamado o doutor Blythe, de Glen St. Mary... ou até mesmo o velho doutor Parker. De que importavam antigas rixas agora? E por que o doutor Parsons continuava por ali, sendo que não podia fazer mais nada? É claro que ela havia pedido para ele ficar, por educação... Mas ele devia saber que sua presença não era desejada.

E tia Úrsula fora deveras clara em relação à sua morte. Bem, ela fora assim a vida toda. Provavelmente, por isso nunca se casara. Homens gostavam de garotas com certo entusiasmo.

Talvez ela vivesse até a manhã... A senhora Anderson conhecia uma mulher que viveu por uma semana depois de o médico dizer que ela só duraria algumas horas. Médicos sabiam muito pouco, no fim das contas. Ela dissera a John que eles deveriam ter chamado um médico mais velho. Nenhum deles conseguira pregar os olhos naquela noite, e John estava meio zumbi, pois já não dormia havia muitas noites. Não se podia confiar em Maggie McLean. E, é claro, ela também precisava dormir um pouco.

Como era de esperar, John roncava no sofá. Não era lá muito adequado, ela supunha, mas não tinha coragem de acordá-lo.

Se aquele idiota do doutor Parsons tivesse o bom senso de ir embora, talvez ela também pudesse tirar um cochilo.

Quanto a Emmy e Phil, eles estavam tão animados para o baile de Bess Rodney desta noite... E, no fim das contas, não puderam ir. Não era de admirar que estivessem tristes, pobrezinhos! E, afinal, que diferença faria a qualquer um? Ah, mas as pessoas comentariam! A fofoca era a coisa mais poderosa do mundo, e sempre seria.

A senhora Anderson bocejou e torceu para que o doutor Parsons entendesse o recado. Mas ele não deu demonstração nenhuma de ter compreendido. Um médico mais velho teria mais iniciativa.

Ela se perguntou, sonolenta, se realmente haveria algo entre ele e Zoe Maylock. Se houvesse, sentia pena dele. Todos conheciam o temperamento de Zoe. O doutor e a senhora Blythe tinham feito bem em deter a iniciativa de Walter. Quanto a Gilbert Ford, todos diziam que ele estava noivo de uma garota de Toronto e que só estava se divertindo com Zoe Maylock. Ainda bem que Phil era diferente. *Ele* não era um galanteador. E, se tivesse um pouquinho do temperamento dos Andersons, sabia se controlar. Ela supunha que deveria subir e checar se Maggie McLean não pegara no sono. Mas aí talvez acordasse o pobre John.

Emmy e Phil Anderson estavam arrasados. Parecia realmente absurdo, para eles, não poder ir ao baile porque a velha tia-avó Úrsula estava morrendo. Ela tinha oitenta e cinco anos e havia quinze estava exatamente do mesmo jeito... Uma velha feia que mal falava, embora resmungasse bastante quando estava sozinha. Pertencia a uma geração morta e esquecida... A geração daqueles retratos desenhados pavorosos dependurados na parede, que sua mãe se recusava a guardar... Imagens de cavalheiros e mulheres de gola alta. "*Eles* jamais poderiam ser humanos também", refletiu Emmy.

Mas ao menos estavam mortos e não atrapalhavam mais. O avô Anderson parecia muito austero e digno, a personificação da integridade inabalável, cujo grande orgulho costumava ser nunca ter havido um único escândalo sequer envolvendo a família Anderson. Em contrapartida, ela não tinha ouvido falar de uma história sobre o irmão dele, David Anderson? *Ele* não era exemplar, segundo Susan Baker. Mas isso eram águas passadas. Quem se importava agora? Eles eram os irmãos de tia Úrsula. Era engraçado pensar que tia Úrsula tinha irmãos! Ela não conseguia imaginá-la sentindo qualquer afeição pela família.

"Tenho certeza de que ela nunca gostou de nenhum de nós", pensou Emmy. "E fomos tão bons para ela!"

Tio Alec, que viera lá de sua fazenda em Glen St. Mary porque era, afinal, o correto a fazer, era o único que não estava entediado. Até que gostava de ocasiões assim, embora, é claro, jamais admitisse. Quantas coisas nunca podemos admitir!

Mas não se pode negar que há algo "dramático" em mortes e funerais. Certamente, não havia nada de mais dramático na morte da pobre tia Úrsula que em sua vida. Suas irmãs eram bastante alegres na juventude, se os rumores forem confiáveis, mas Úrsula sempre fora a quieta e reservada.

Mesmo assim, morte era morte; e a noite, com seus ventos lamuriantes e as terríveis rajadas de chuva, estava em plena conformidade. Tio Alec sempre pensara que uma noite de verão banhada pelo luar, com o perfume das flores, era muito incongruente com a morte, embora as pessoas morressem todos os dias e noites do ano, afinal.

John e Katherine estavam calmos e solenes, como a ocasião mandava... Ao menos até John pegar no sono. Os jovens, no entanto, não conseguiam esconder direito a agitação provocada pela impaciência. Obviamente, nunca lhes ocorrera que *eles* também morreriam um dia.

Mas tia Úrsula não morreria até a maré baixar. Fora criada perto do mar, e, quando se mora perto do mar por oitenta e cinco anos, não se morre até a maré baixar, não importa quão longe você esteja da costa. Ele ouvira o doutor Parker rir dessa "velha superstição"... O doutor Blythe não rira, mas tio Alec sabia que ele também não acreditava.

– Se mantivesse um registro, ele saberia – murmurou tio Alec.

Úrsula estava bastante longe do mar, mas isso não importava nem um pouquinho.

– Imagine ser uma velha solteirona por oitenta e cinco anos – comentou Emmy subitamente. Ela estremeceu.

– Terrível – concordou Phil.

– Crianças – reprimiu a mãe. – Lembrem-se de que ela está morrendo.

– Que diferença faz? – perguntou Emmy, impaciente.

– Você deve se lembrar de que ela nem sempre foi uma velha solteirona – ponderou tio Alec. – As pessoas costumavam dizer que os vinte e cinco anos eram o primeiro marco. Mas tia Úrsula sempre foi uma mulher comum... uma mulher esquecida...

Ele gostou daquela expressão. As pessoas viviam falando no "homem esquecido". Por que não uma mulher esquecida? Essa era uma criatura de quem se deveria ter ainda mais pena... E que deveria ser ainda mais desprezada. Pois tio Alec desprezava as velhas solteironas. E dizia-se que tia Úrsula nunca tivera um namorado sequer, embora ele realmente não soubesse muito sobre ela. Afinal, ela era apenas uma pobre alma com quem ninguém conversava. Certamente, não era alvo de fofocas. E *estava* demorando um pouco para morrer. Mas, é claro, a maré estava atrasada nessa noite. Ele quase invejava John por sua soneca. Coitado!

Ele provocou uma confusão e tanto. A maioria dos Andersons sabia fazer dinheiro, no mínimo. O próprio tio David... Ele fora um homem rico. Mas o filho logo pusera toda a herança fora. Geralmente, era assim que acontecia. E ele se lembrava das histórias estranhas que correram por aí quando tio David morreu. Quem será que as tinha espalhado? O homem era de um caráter irrepreensível.

– Se tivesse que viver uma vida enfadonha e sem graça como a de tia Úrsula – disse Emmy –, eu me mataria.

– Emmy! – repreendeu tio Alec. – Que coisa horrível a se falar. Temos que esperar nossa hora chegar.

– Não me importo – retrucou Emmy em tom irreverente. Quem se importava com o que tio Alec pensava ou dizia? Ele nem sequer precisava estar ali. – Viver oitenta e cinco anos e nada acontecer na sua vida! O pai disse que ela nunca sequer teve um derriço, como costuma dizer. Bem, é claro que não se pode imaginar que qualquer pessoa se apaixonaria por ela... Simplesmente não se pode.

– Não se pode imaginar qualquer pessoa velha apaixonada – disse tio Alec. – Eu, por exemplo. Você sabe que, no fundo do coração, pensa exatamente a mesma coisa sobre mim. No entanto, desfrutei bastante da minha juventude. Você será velha um dia, Emmy, e as pessoas pensarão o mesmo de você. Talvez tia Úrsula tenha tido alguns derriços.

– Ela, não – Emmy deu de ombros. Que terrível nunca ter sido amada! Nunca ter conhecido o amor! – Ela passou a vida toda na casa de outras pessoas, costurando, até ficar tão esquisita e ultrapassada que ninguém mais a queria. Fico pensando se um dia realmente quiseram. Imagine tia Úrsula cosendo vestidos! Nunca a vi costurar coisa alguma, além de remendar calças. Desse tipo de serviço ela tinha bastante, a pobre alma.

– Ah, não acho que ela fosse má modista na juventude – respondeu tio Alec. – Daqui a vinte anos, suas roupas também parecerão igualmente engraçadas.

– Não haverá moda nenhuma daqui a vinte anos – comentou Phil, sorrindo. – As pessoas não usarão roupa nenhuma.

– Phil! – exclamou sua mãe em reprimenda distraída.

Ela não acreditava no disparate de Alec quanto à maré, mas certamente a velha tia Úrsula... Talvez Maggie tivesse pegado no sono. Ela supunha que deveria subir para checar. Seus ossos, no entanto, doíam bastante do reumatismo. Quanto à conversa sobre velhas solteironas, não gostava daquilo. *Ela* era uma solteirona quando John se casou com ela.

– Tia Úrsula tinha a melhor mão para fazer pão de ló que já conheci – disse tio Alec.

– Que belo epitáfio! – respondeu Emmy.

O doutor Parsons riu. Mas a mãe a reprimiu novamente, porque julgava ser sua obrigação. Entretanto, sentia bastante orgulho da maneira como Emmy dizia as coisas.

– Ela está morrendo – observou tio Alec, porque sentia que precisava dizê-lo.

– E levando horas para isso – grunhiu Phil. – Ah, conheço suas teorias sobre a maré, tio Alec, mas não acredito nelas. Doutor Parsons, o senhor já não viu incontáveis pessoas morrerem quando a maré estava enchendo?

– Acho que nunca pensei nisso – respondeu o doutor Parsons, esquivando-se. – Suponho, Phil, que você compartilhe da teoria de Osler de que todos deveriam ser mergulhados em clorofórmio aos sessenta anos?

– Bem, isso livraria o mundo de uma série de incômodos – disse Phil, bocejando.

– Phil, não permitirei que fale assim. *Terei* sessenta daqui a três anos – lembrou sua mãe, com severidade.

– A senhora não sabe brincar, mãe?

– Não quando a morte está na casa – respondeu a senhora Anderson, com ainda mais austeridade.

– O que o *senhor* pensa da ideia de Osler, doutor? – quis saber Phil.

– Não acho que ele tenha dito exatamente isso – respondeu o doutor Parsons. – O que realmente disse é que o homem desempenhava seu melhor trabalho até os sessenta anos. É claro que há exceções. Nós dois ainda estamos bem longe dos sessenta para nos preocuparmos com isso agora – acrescentou ele, lembrando que John Anderson e aquele esquisito do tio Alec tinham, ambos, mais de sessenta anos. Não se devia ofender as pessoas. Às vezes, elas se lembravam dos mais míseros detalhes quando precisavam de um médico.

Phil se rendeu. Afinal de contas, não havia nada a ser feito além de esperar. Não poderia durar para sempre. Tia Úrsula morreria e seria enterrada... Com o menor custo possível. E, então, o agente funerário cobraria sua conta. O doutor Parsons também, por sinal. Tia Úrsula seria levada para fora da casa pela primeira vez em dez anos e enterrada na vala dos Andersons... Haveria espaço suficiente apenas para espremê-la ali. E havia espaço em um dos monumentos para escrever quando ela nascera e morrera.

Céus, que existência! Não havia mais nada, contudo, que pudesse ser dito sobre sua vida. Ela provavelmente nunca tivera vigor suficiente em si para se rebelar com isso. As pessoas da geração dela aceitavam tudo como vontade de Deus, não aceitavam? Simplesmente vegetavam. E por que *eles* tiveram de acolhê-la quando ela não tinha mais dinheiro? Havia muitas outras famílias Andersons mais abastadas.

Mas nunca deram um centavo para ajudar. Bem, ele, Phil, não seria tão idiota. Quando envelhecesse, não haveria nenhum parente inútil dependurado *nele*. Eles que fossem para o asilo se não tivessem dinheiro suficiente para se sustentar. Ele tinha certeza de que o doutor Parsons concordaria... Embora não fosse particularmente afeiçoado ao médico.

– É estranha a afeição que aquele velho cachorro tem por tia Úrsula – comentou o médico abruptamente, em parte para ter o que falar.

Ele não gostava muito de Phil e certamente não iria discutir as teorias de Osler com ele.

De alguma forma, não podia dizer: "É estranho como aquele velho cachorro a ama". Imagine até mesmo um cachorro amando Úrsula Anderson! Era cômico. Provavelmente, ela dava ossos a ele.

– Ele raramente sai do quarto, nem por um minuto. Fica simplesmente deitado ao lado da cama, olhando para ela – acrescentou ele.

– Ela sempre pareceu feliz em tê-lo por perto, desde que era um filhotinho – comentou tio Alec. – E suponho que sentisse que ele representava uma espécie de proteção quando estava sozinha. Ela ficava bastante tempo sozinha.

– Bem, é óbvio que não podíamos ficar em casa o tempo *todo* – retrucou a senhora Anderson irritadamente. – Ela estava bem... e dizia que não queria companhia.

– Eu sei... Eu sei – aquiesceu tio Alec em tom apaziguador. – Vocês todos foram muito bondosos com tia Úrsula, Kathie.

– Certamente espero que saiba – respondeu a senhora Anderson em tom magoado. – Sei que a acolhemos e demos um lar a ela quando outros de quem era mais próxima, é de supor, nunca sequer se ofereceram para hospedá-la por uma semana.

– Ela foi uma mulher muito afortunada por ter um lar tão bom onde morar durante a velhice – comentou o doutor Parsons, apaziguando a situação. – Eu... Eu suponho... que ela não deixará muitos bens.

Ele estava pensando em sua remuneração.

– Ela não deixará coisa nenhuma – respondeu a senhora Anderson, ainda naquele tom magoado. – Não tinha um centavo quando veio morar conosco.

"Caso contrário, vocês não a teriam abrigado", pensou o médico sarcasticamente.

– Foi uma surpresa, preciso admitir – prosseguiu a senhora Anderson. – Ela deve ter feito bastante dinheiro durante todos aqueles anos em que trabalhou como costureira. O que fez com ele? Essa é a pergunta que todos os Andersons têm feito. Certamente, nunca gastou consigo. Não me lembro de tê-la visto com alguma roupa decente, mesmo quando eu era uma garotinha e ela ainda estava na meia-idade... Embora, é claro, como todas as pessoas jovens... – Ela lançou um olhar ressentido para Emmy e Phil. – Eu achasse que todo mundo que fosse dez anos mais velho que eu era o próprio Matusalém.

– Talvez ela tenha uma fortuna escondida em algum lugar – sugeriu Phil. – Que alegria seria encontrar uma caixa ou um bolo de notas quando mexermos nas coisas dela!

A senhora Anderson, que já havia "mexido" nas poucas "coisas" da velha tia Úrsula diversas vezes, franziu a testa majestosamente. Aquilo era coisa a se dizer diante do doutor Parsons? É claro que ele contaria a Zoe Maylock, e isso era o mesmo que contar a todo mundo. Ela daria um belo sermão em Phil quando ficasse sozinha com ele. No entanto, de que adiantaria, agora que ele já havia falado?

OS CONTOS DOS BLYTHES – VOLUME 2

– Talvez eu não devesse dizer, mas sempre pensei que acaso ela tenha ajudado um pouquinho o irmão Will – comentou tio Alec, lançando um olhar desaprovador em direção ao médico. Talvez não fosse uma boa ideia insinuar que qualquer Anderson tivesse dificuldades financeiras, mesmo a um parente distante. – Ele tinha uma família grande, então vocês sabem que vivia no aperto.

– Então alguém da família *dele* deveria ter cuidado de tia Úrsula quando ela parou de trabalhar. Ou ao menos ter ajudado um pouco – ralhou a senhora Anderson.

Instantaneamente, contudo, ela se recompôs. A morte estava na casa. Bem como o doutor Parsons, o que era quase a mesma coisa que ter Zoe Maylock por ali. Não fazia nenhum sentido ter um médico para a velha tia Úrsula agora, de toda forma. Ninguém poderia salvá-la.

Mas aí as pessoas comentariam!

Sim, a morte estava na casa... Uma convidada bem-vinda para todos, em especial para Úrsula Anderson. Ela ansiava por sua chegada havia muitos anos, e agora sabia que estava próxima. Nunca noiva nenhuma foi mais esperada. Ela sabia que nenhuma viva alma sentiria sua falta, mas isso também não importava.

O quarto vazio e sujo, que sempre fora considerado bom o suficiente para a velha tia Úrsula, estava repleto de sombras da vela tremelicante sob a mesinha de cabeceira. Tia Úrsula nunca aceitou nada além de uma vela. Lamparinas eram perigosas, e a energia elétrica era algo que ela não conseguia ou se recusava a entender. Os Andersons haviam dado uma ajeitada no quarto quando chamaram o médico, mas ainda estava em condições bem precárias. Um vaso cheio de flores artificiais desbotadas sobre a cômoda lançava sombras estranhas e exóticas de botões e gotas no gesso manchado e descascado acima da cama. Emmy ficara agradecida por algo finalmente ter motivado a mãe a tirá-las do nicho na parede da escadaria. Sempre sentiu muita vergonha daquelas flores... Especialmente quando Zoe Maylock vinha à casa. Ela ouvira Zoe zombar de pessoas que gostavam de flores artificiais.

O velho cachorro estava deitado no tapete surrado ao lado da cama, com o focinho escondido entre as patas, os olhos atentos fixos na mulher moribunda. Estava deitado ali, daquele jeito, havia dias.

Maggie McLean, que deveria estar cuidando da velha Úrsula, adormeceu na cadeira, confirmando o que Kathie Anderson já sabia. Maggie tinha uma pequena dívida com John Anderson, caso contrário eles não teriam conseguido chamá-la. Ela sabia que também nunca seria paga. Como os Andersons haviam decaído no mundo! Maggie era velha o suficiente para se lembrar de seus dias de prosperidade. Lembrava-se até do estranho escândalo na época do funeral do velho David Anderson. Poucas pessoas tinham acreditado. Disseram que Clarissa Wilcox havia enlouquecido e que os Wilcoxs sempre odiaram os Andersons, então ninguém além de Susan Baker de Ingleside acabou acreditando. E os Blythes logo *a* reprimiram.

Não havia mal nenhum em tirar uma soneca. Úrsula Anderson estava inconsciente, ou quase isso, e não havia nada que Maggie pudesse fazer por ela. Mas é claro que alguém precisava tomar conta dos quase-mortos. De certa forma, ela sentia pena da velha Úrsula Anderson. Teve uma vida tão enfadonha e sem graça...

O vento gemia sinistramente no velho abeto perto da janela... Gemia, choramingava e, às vezes, rosnava de repente e, então, morria para permitir que as rajadas de chuva pudessem ser ouvidas. Vez ou outra, a janela chacoalhava, como se algo impaciente e atrasado estivesse tentando entrar.

Úrsula Anderson permanecia imóvel na cama. Era de pensar que já estivesse morta, não fosse pelos olhos cinza grandes e fundos. Seus olhos eram opacos e turvos havia muitos anos, mas estavam novamente brilhantes e translúcidos, queimando com uma chama contínua no rosto murcho e ressecado.

Uma camisola de flanela cinza estava abotoada até o pescoço feio e enrugado. Uma mecha grossa de cabelos brancos repousava sobre o travesseiro... Ela tinha uma quantidade admirável de cabelo para uma mulher tão velha. O corpo velho e esquelético estava imóvel debaixo da colcha de retalhos desbotada e dos cobertores finos. As mãos nodosas e descoloridas repousavam sobre eles sem se mover.

Ela sabia que estava morrendo e que todos estavam com pressa para que fosse logo, e que não havia uma única criatura viva que fosse ressentir sua morte... Exceto, talvez, o velho cachorro.

Ela gostaria de tê-lo deitado ao seu lado na cama, mas Maggie McLean não permitiria. Às vezes, olhava em seus olhos velhos e gentis por um bom tempo, como fizera tantas vezes. Ela estava contente por estar morrendo e por Maggie McLean estar dormindo. Estava relembrando a própria vida... A vida pela qual todos aqueles na sala tinham pena dela, como bem sabia. Mas não trocaria sua vida pela de nenhum deles. De vez em quando, ria... Uma risada breve, silenciosa. Não queria que Maggie McLean acordasse por nada nesse mundo. Maggie teria se agitado, querendo fazer algo por ela. E ela não queria nada, só que a deixassem morrer em paz.

De vez em quando, contudo, ela tremia.

Sabia que ficara muito feia... Não costumava ser feia na juventude, embora ninguém a achasse bonita. Era apenas uma "daquelas meninas Andersons", sem nenhuma beleza em especial além dos cabelos pretos longos e grossos. Tinha olhos cinza grandes e suaves, pele alva e belas mãos. Sim, tinha belas mãos... Ele lhe dissera isso muitas vezes... As mãos mais lindas que já vira... E ele vira mãos de rainhas. Suas irmãs eram consideradas garotas bonitas, mas tinham mãos gordas e rechonchudas. Ela nunca recebera nenhum elogio por suas mãos, a não ser dele. Era para o rosto e para o corpo que as pessoas olhavam.

Suas mãos estavam feias agora... Haviam ficado deformadas e calejadas pela costura constante e pela idade. No entanto, ainda eram mais bem conservadas que as de Maggie McLean. Ela costumava ser bastante pequena e magricela quando jovem, e ninguém prestava muita atenção nela em meio às irmãs elegantes e belas. Ela nunca tentava chamar a atenção, e era bem verdade que jamais tivera um derriço. Também era verdade que nunca quisera um... Embora ninguém acreditasse nessa afirmação. Nenhum dos jovens de Lowbridge, de Glen St. Mary ou de Mowbray Narrows a atraíra, nem um pouquinho. Eles não pensavam ou falavam igual a ela... Ou falariam, se algum deles um dia tivesse tentado conversar com ela.

Ela passara a infância e o início da adolescência sob o cabresto da mãe e não tinha permissão para ter opiniões próprias. Às vezes, pensava que eles talvez ficassem surpresos se conhecessem seus pensamentos... surpresos e chocados.

Então, uma mudança acontecera. Os velhos olhos cinza escureceram, bruxulearam e brilharam quando ela se lembrou daquilo. Sua tia Nan enviara uma carta pedindo que "uma das garotas" fosse passar um ano com ela, pois sua única filha fora para a Índia como missionária. Tia Nan vivia em um pequeno vilarejo pesqueiro e estância de verão a quilômetros de distância dali e era viúva. Úrsula nunca a vira. Mas foi a escolhida para ir, porque das irmãs concordara em ser enterrada viva por um ano na enseada de Half Moon Cove.

Úrsula, por sua vez, ficou contente em ir. Gostava do que ouvira sobre Half Moon Cove e do que o pai dissera sobre sua irmã Nan. Úrsula tinha a impressão de que tia Nan era bem diferente de todas as outras tias... Que era quieta e tranquila, como ela própria. "Nunca falou pelos cotovelos", ouvira o pai dizer, certa vez.

Não havia muito o que fazer na casa de tia Nan, e Úrsula passava boa parte do tempo na praia, em meio às dunas. A colônia de verão ficava bem mais ao sul, e poucas pessoas se aventuravam tão longe. Foi lá que ela o encontrou, pintando. Ele era hóspede de uma família rica que estava passando o verão na enseada seguinte, mas que nunca ia até Half Moon Cove. Não havia atrativos por ali.

Ele era um jovem inglês... Um artista já a caminho da fama internacional, que ele acabou, pouco depois, conquistando. Dizia-se que seu irmão mais velho tinha título de nobreza... E que esse era o único motivo pelo qual ele fora convidado a se hospedar com os Lincolns. Eles certamente não eram artísticos.

Mas, para Úrsula, ele era apenas Larry... e seu amante. Ela adorava suas pinturas, mas o irmão com título não significava nada para ela.

– Você é a criatura mais diferente que já conheci na vida – dissera Larry, certa vez. – As coisas que mais importam para a maioria das pessoas parecem não significar nada para você. Não consigo acreditar que seja deste mundo.

Ela nunca conhecera nem sonhara com alguém tão encantador. Foi amor à primeira vista. Úrsula sabia que jamais poderia ter sido diferente. Não tinha dúvida de que ele havia amado e fora amado por muitas mulheres antes dela, mas não sentia ciúme. Ele era maravilhoso demais para amar qualquer mulher por muito tempo, especialmente alguém tão insignificante quanto ela. Mas, durante aquele tempo, ele a amou. Ela não tinha dúvida nenhuma disso. Durante aquele verão encantado, ele a amou, e nada poderia tirar isso dela. E ninguém no mundo sabia, além dela. Ela jamais diria seu nome, nem mesmo para tia Nan. A pobre Maggie McLean sentia pena dela... Mas Maggie McLean jamais foi amada como ela foi. Kathie Anderson sentia pena dela... Mas Kathie nem sequer sabia o significado do amor. Ela se casara com John para deixar de ser uma velha solteirona e pensava que ninguém sabia, enquanto todos tinham plena ciência e riam dela.

Mas ninguém sabia do segredo de Úrsula. Disso ela tinha certeza.

Ela sabia que ele nunca poderia se casar com ela... A ideia nunca passou por sua cabeça... Nem, aliás, pela dele. No entanto, ele se lembrou de sua pequena Úrsula pelo resto da vida... Lembrava-se dela quando mulheres lindas e brilhantes o acariciavam. Havia algo nela que ele jamais encontrara em qualquer outra mulher. Às vezes, ele pensava que esse era o real motivo pelo qual nunca se casara.

É claro que ele não poderia ter se casado com ela. A mera ideia era absurda. No entanto... que grande artista se casava com a própria cozinheira? Em seu leito de morte, *sir* Lawrence pensou em Úrsula e em nenhuma outra mulher, nem mesmo na princesa Quem-Quer-Que-Seja, que o teria aceitado, pelo que diziam, se ele tivesse pedido a mão dela.

Eles se amaram durante dias longínquos, suaves noites de esmeralda e madrugadas de esplendor cristalino. Úrsula não se esquecera de nenhuma delas. Ele lhe dizia coisas loucas e doces... Ela também não tinha se esquecido delas... Aquelas antigas palavras de amor ditas tantos anos antes. Imagine alguém dizer tais coisas a Maggie McLean, roncando em sua cadeira!

Seus cabelos estavam grisalhos e secos agora. Mas ela se lembrava do dia em que ele tirara os grampos e enterrara o rosto nos fios sedosos.

Então, lembrou-se das vezes em que eles observaram a lua nascer naquela orla distante, onde os ossos de antigas embarcações estavam descorando. Ele se regozijava nas noites de vento... Já ela preferia as noites de quietude. Ela se lembrava dos morros sombrios e das dunas misteriosas... dos barcos pesqueiros chegando... e, sempre, das palavras ternas e apaixonadas dele. Maggie McLean teria se sentido insultada se alguém falasse com ela daquele jeito. Pobre Maggie, roncando sem parar em sua cadeira, que nunca vivera. Como Úrsula tinha pena dela!

Ela ergueu as mãos enrugadas por um instante e então as soltou novamente sobre a colcha.

Ele devia tê-las pintado uma centena de vezes. As mãos das pinturas dele eram famosas. Ele nunca se cansava de elogiar sua beleza... "Um beijo na ponta de cada dedinho maravilhoso", sussurrava. Só a velha e desprezada Úrsula sabia que as pessoas haviam admirado suas mãos em diversas galerias de arte da Europa. Ela tinha uma coleção de gravuras das pinturas dele em uma velha caixa surrada que levava consigo para todos os lados. Ninguém sabia por quê. Úrsula sempre fora esquisita. A única vez em que chegou perto de brigar com Kathie Anderson foi quando, ao fazer a limpeza da casa, Kathie quis queimar a caixa. Não havia nada nela além de imagens velhas e desbotadas, dissera ela.

– O que é que você vê nessas gravuras, Úrsula? – perguntara. – Se gosta tanto assim de pintura, há algumas litografias e gravuras que podemos lhe dar...

– Elas têm mãos pintadas? – perguntara Úrsula baixinho.

Kathie Anderson deu de ombros e desistiu. Afinal, pessoas idosas ficavam muito infantis. Era preciso satisfazê-las. Mãos, de fato. E a maioria das mulheres nas imagens era muito feia, a despeito de seus títulos.

Então, a temporada terminou... Os ventos frios de setembro começaram a soprar pelas dunas assombradas... Larry foi embora, prometendo escrever... Mas nunca escreveu. Por um tempo, a vida espremeu Úrsula com suas mãos implacáveis. Ela precisava contar a tia Nan. Não havia nenhuma outra pessoa a quem ousasse contar. Nunca mais poderia retornar para casa, para os pais presunçosos. Era melhor escapulir para as dunas numa noite e pôr fim a tudo. Estava muito feliz por não tê-lo feito. Talvez Larry se magoasse se tivesse sabido. Ela preferia suportar qualquer coisa a fazer isso.

E tia Nan fora muito boa com ela, após passar o choque inicial. Ela se compadeceu ao extremo e não culpou Úrsula tanto assim.

– Eu deveria ter cuidado melhor de você – lamentara ela. – Mas pensei que uma Anderson... E agora aquele canalha a levou para o mau caminho.

Úrsula escondeu a raiva pelo bem de Larry. Ela sabia que tia Nan culpava um homem completamente diferente. Uma chama estranha, contudo, brilhou em seus olhos cinza cansados.

– Não fui levada para o mau caminho – respondera. – Não sou tão fraca assim. Sabia o que estava fazendo... E não lamento coisa alguma... Não lamento coisa alguma.

Tia Nan não conseguia compreender. Mesmo assim, permaneceu lealmente ao lado de Úrsula. Ficou com Úrsula por mais um tempo, inventando uma desculpa qualquer... E chamou uma velha senhora em quem podia confiar para o parto... Uma vez que o nome dos Andersons precisava ser salvo a todo custo. Úrsula quase morreu... Até mesmo tia Nan achava que teria sido melhor se ela tivesse morrido... Mas Úrsula estava muito feliz por ter conseguido sobreviver.

O bebê era uma menininha com os olhos cinza de Úrsula e os cabelos dourados de Larry. Tia Nan providenciou a adoção. Os James Burnley, de Charlottetown, eram pessoas abastadas, que havia muito queriam adotar uma criança. Tia Nan frequentara a escola com Isabel Burnley. Os Burnleys ficaram felizes em adotar a criança... A mãe era uma amiga que tivera um fim trágico, foi o que tia Nan lhes contou.

Úrsula pensou que não conseguiria suportar, mas, pelo bem de Larry, aquiesceu. E queria que a criança tivesse um bom lar. Voltou para Lowbridge um pouco mais calada e insignificante que antes. Os Andersons, que torciam para que ela arranjasse algum marido enquanto estivesse fora, não a recepcionaram muito efusivamente. Tentaram arranjar um casamento para ela com um velho viúvo de Glen St. Mary, mas, para Úrsula, todos os homens pareciam comuns ou insuportáveis após Larry.

Ela tivera, entretanto, o próprio momento de júbilo extremo na vida, do qual ninguém desconfiava. Então, parou de se importar quando os homens a ignoravam. Uma prima distante, que precisava de uma assistente, ofereceu-se para lhe ensinar a costurar, e, para surpresa de todos, Úrsula demonstrou um talento inesperado para a arte.

Passou a costurar durante o dia e frequentemente ia à casa dos Burnleys. A senhora Burnley dizia que ninguém conseguia ajustar um vestido como Úrsula Anderson. Úrsula via a pequena Isabel com frequência... A senhora Burnley dera o próprio nome à garota. Ela viu a bebê crescer e se desenvolver lindamente.

Às vezes, ela se parecia tanto com Larry que o coração de Úrsula palpitava. Sua voz e seus trejeitos eram parecidos com os dele. Úrsula jamais via algo de si na criança, a não ser os olhos cinza. Ela era tão linda e encantadora quanto a filha de Lawrence deveria ser. Os Burnleys a adoravam e a enchiam de presentes. Úrsula fazia a maioria dos vestidos. Quando a garota os provava, seus dedos às vezes tocavam a pele dela com euforia. Era quase como tocar o próprio Larry.

Isabel gostava dela.

– Acho que aquela costureira esquisita e quieta realmente me ama – costumava dizer. – Ela nunca diz isso, é claro... Mas, às vezes, eu a pego olhando para mim de um jeito tão estranho... Quase como se eu fosse filha dela, sabe?

– A pobrezinha tem tão pouco na vida – comentou a senhora Burnley. – A própria família sempre fez pouco caso dela. Sempre seja o mais gentil possível com ela, Isabel.

Havia uma única coisa que Úrsula mal conseguia suportar... Ouvir Isabel chamar a senhora Burnley de "mãe". Aquilo parecia estilhaçar sua alma. Às vezes, ela odiava a senhora Burnley... E se reprimia amargamente por odiá-la, sendo que ela era tão boa para Isabel. De toda forma, nunca deixou transparecer. A senhora Burnley nunca imaginou. Ela jamais pensava em Úrsula Anderson com algum sentimento em particular.

Finalmente, Isabel se casou. Os Burnleys ficaram bastante eufóricos com o casamento, por mais que detestassem perder Isabel. Ele era um rapaz bonito, de boa família e rico. Todos pensavam que Isabel era uma moça de sorte. É claro... Havia umas histórias... No entanto, as más línguas vivem espalhando histórias sobre jovens ricos que se esbaldavam na vida. A senhora Burnley disse que eles precisavam aproveitar a juventude. Assim que se casasse com Isabel, Geoffrey Boyd se aquietaria e seria um bom marido. Ela não tinha dúvida. Seu próprio marido costumava ser um belo de um fanfarrão quando era jovem. E que ótimo marido era!

Úrsula fez boa parte do enxoval, até mesmo as delicadas peças íntimas. Mas não estava feliz nem tranquila. Não gostava de Geoffrey Boyd. É claro que Isabel estava perdidamente apaixonada por ele... E Úrsula sabia muito bem que a maioria dos homens jovens não era santa... Nem mesmo Larry poderia ser considerado exemplar. Mas não era isso. Era algo relacionado ao próprio Geoffrey Boyd. Isabel estava radiante, e Úrsula tentava abafar sua inquietude e gozar da mesma felicidade.

Ela teve permissão para ajudar Isabel a se vestir para o casamento, e Isabel ficou um tanto surpresa ao perceber como as mãos da velha senhorita Anderson tremiam. Ela sempre foi a "velha senhorita Anderson" para Isabel... Sempre, embora mal tivesse chegado aos quarenta anos. Isabel era muito afeiçoada a ela e decidiu que lhe daria todos os trabalhos possíveis. Vestidos prontos já eram uma realidade, e os serviços de costura não eram mais tão abundantes quanto costumavam ser.

Então, Úrsula passou bastante tempo na casa de Isabel nos quatro anos após o casamento. Foram quatro anos de tortura. Ela precisou assistir à mudança no amor de Isabel de uma adoração apaixonada para medo, pavor e, o pior de tudo, ódio.

Geoffrey Boyd cansou-se da esposa após um ano e nunca sequer se esforçou para esconder. Ele era descaradamente infiel, como todos sabiam... E infernalmente cruel. Às vezes, parecia que seu único prazer era lhe causar dor. E ele sempre ria de um jeito horroroso quando dizia e fazia coisas cruéis... Embora sempre tomasse o cuidado de não permitir que qualquer pessoa além da estúpida senhorita Anderson o ouvisse. Os Burnleys sabiam que o casamento era um desastre, mas se recusavam a admitir. Naquele tempo, tais situações deviam ser acobertadas. E o dinheiro compensava muitas coisas.

Úrsula o odiava tanto que parecia que o ódio caminhava a seu lado, algo tangível. A despeito de sua insignificância, Geoffrey devia sentir sua ira, pois nunca passava por ela sem bufar de leve.

Ela vivia sendo "sondada" para falar sobre a questão dos Boyds, mas nunca dissera uma única palavra. Esse provavelmente era o motivo pelo qual Geoffrey Boyd permitia que ela ficasse na casa. Ele não tinha medo do que ela poderia contar. A família Anderson era famosa por ser fofoqueira, e, embora essa criatura chamada Úrsula não fosse tão próxima dos parentes, havia coisas que ela podia revelar, se· quisesse. E os Burnleys ainda eram ricos... ou deveriam ser. Geoffrey Boyd tinha os próprios motivos para manter um bom relacionamento com eles. Era sempre tão gentil com Isabel na frente deles que eles não acreditavam em metade das histórias que ouviam.

O casamento chegara ao sexto ano quando todos ficaram sabendo que os Burnleys tinham perdido boa parte do dinheiro. Então, Isabel ficou sabendo que o marido pretendia se divorciar dela, fazendo algumas acusações falsas, nomeando como procurador um homem da cidade.

O divórcio, naqueles dias, nas províncias marítimas, era uma tragédia sem tamanho. E todos sabiam que Isabel era adotada. "O sangue dirá", diziam as pessoas. Todos acreditariam nas acusações feitas contra ela... exceto a velha Úrsula Anderson. De alguma forma, Isabel sentia que ela jamais acreditaria em uma única palavra que fosse dita contra ela.

Geoffrey disse a Isabel que, se ela contestasse as acusações, tiraria o filho dela. Úrsula sabia que ele pretendia tomar a criança de toda forma, apenas para torturar Isabel, embora não tivesse afeição nenhuma pelo garoto. Ele nunca sequer fingiu ter. O pequeno Patrick era uma criança delicada, e Geoffrey Boyd não via serventia nenhuma para crianças adoentadas. Certa vez, ele perguntou a Isabel se Patrick herdara os genes ruins do senhor ou da senhora Burnley. Ele sabia que Isabel tinha certa vergonha por ser uma garota adotada e aquilo o deleitava ao extremo. Certa vez, ele lhe dissera, durante a época de cortejo, que aquilo a tornava mais especial para ele.

"E se", pensou Úrsula, "eu contar a ele que o pai dela é o grande artista *sir* Lawrence Ainsley?"

Mas ela sabia que ele só riria. O caráter *dela*, ao menos, era irrepreensível. Ninguém, nem mesmo o sangue de seu sangue, acreditaria em tal história. E também não faria diferença nenhuma para Geoffrey. Mesmo que ele acreditasse.

"Quem diria? Essa velha dissimulada...", ela podia ouvi-lo dizer. E os Burnleys ficariam furiosos. Tia Nan estava morta, e ela não tinha nenhuma evidência para provar que fora o grande amor de um renomado artista. Entretanto, Úrsula decidiu que não haveria divórcio. De alguma forma, ela impediria... Essa decisão estava tomada.

Ela estava costurando em um dos quartos do pavimento superior da casa no dia em que Geoffrey Boyd chegou em casa bêbado e espancou Patrick com o chicote, sem misericórdia, na biblioteca, enquanto Isabel ficou agachada no chão, do lado de fora da porta, gemendo em sua angústia impotente. Na última vez em que Geoffrey chegara em casa bêbado, ele dependurara o cachorro no estábulo e batera nele com o chicote até a morte. Será que também mataria Patrick?

Quando abriu a porta e o garoto, aos prantos, correu para os braços da mãe, ele disse:

– Quando o Patrick for só meu... O que é apenas uma questão de tempo, minha querida... Farei bom uso do chicote todos os dias. Você o transformou em um bebê chorão com seus afagos. *Farei* dele um homem. Você acha que seu pai era pastor da igreja?

Úrsula costurou em silêncio e sem se abalar durante aquilo tudo. Nem um único ponto fora do lugar. Até mesmo Isabel a julgou insensível. Mas, quando Geoffrey subiu as escadas cambaleando, ela estava parada no topo, esperando por ele. Isabel havia levado Patrick para o quarto. Não havia ninguém por perto. Os olhos de Úrsula estavam em chamas, e sua figura pequenina e esquelética, no vestido preto simples, tremia.

– Saia do meu caminho, maldição – ralhou Geoffrey. – Você sempre fica do lado dela.

– Eu sou a mãe dela – respondeu Úrsula. – E seu pai era *sir* Lawrence Ainsley.

Geoffrey riu embriagadamente.

– Por que não o rei da Inglaterra, então? – zombou. – *Você*, mãe de alguém!

Ele acrescentou algo baixo demais para repetir.

Úrsula ergueu as duas mãos, ainda belas, apesar de tudo... As mãos que Larry beijara e pintara... As mãos que haviam sido tão admiradas no retrato dele de uma princesa italiana.

Geoffrey havia, certa vez, mostrado uma gravura dessa pintura a Isabel.

– Se você tivesse mãos assim, talvez conseguisse segurar um homem – desdenhara.

Úrsula empurrou com força o cambaleante Geoffrey. E o fez deliberadamente... Sabendo o que pretendia fazer... Sabendo das prováveis consequências. Não se importava, nem um pouquinho, se seria enforcada por isso. Nada importava além de salvar Isabel e Patrick.

Geoffrey Boyd tombou para trás na longa escadaria e caiu no piso de mármore. Úrsula ficou olhando para ele por alguns instantes, com um sentimento de triunfo que não vivenciara mais desde o dia em que Larry lhe dissera, pela primeira vez, que a amava.

Geoffrey Boyd estava esparramado em uma posição bastante pavorosa. De alguma forma, ela sabia que seu pescoço estava quebrado. Não houve barulho nem tumulto em lugar algum. Após alguns instantes, ela voltou para o quarto de costura em silêncio, começou a trabalhar em outra peça e continuou costurando. Isabel estava a salvo.

Não houve confusão alguma, por sinal. A criada encontrou o corpo e gritou. As formalidades de costume foram cumpridas. Úrsula, ao ser questionada, disse que não ouvira coisa alguma. Ninguém ouvira, aparentemente. Era sabido que Geoffrey Boyd fora bêbado para casa... *Essa* era uma ocorrência quase diária, aparentemente. Quase o único pequeno escândalo que viera à tona a partir de um inquérito desinteressante. Supunha-se que ele tivesse pisado em falso e caído. As pessoas diziam que volta e meia se perguntavam como não teria acontecido antes. Um ótimo desfecho para uma situação ruim. Todos só lamentavam o fato de que não haveria um julgamento de divórcio, afinal. Muitas fofocas apimentadas poderiam ter surgido daí. Supunham que os Burnleys estavam aliviados, embora fosse bem feito para eles, por terem adotado uma criança sobre a qual não sabiam coisa alguma... ou fingiam não saber, apesar de a garota se parecer *muito* com a mãe de James Burnley!

Quanto a Úrsula Anderson, ninguém falava dela, exceto para dizer que sentiria falta de trabalhar para os Boyds.

Lucy Maud Montgomery

A pior parte dos problemas de Isabel estava resolvida. Descobriu-se, no entanto, que ela ficara com bem pouco dinheiro. O senhor e a senhora Burnley faleceram com uma semana de intervalo entre eles... Ah, não, não foi suicídio, nem nada terrível assim. Ela pegou pneumonia, e ele, aparentemente, já tinha alguns problemas de saúde havia anos... E não deixaram nada além de dívidas. Bem, esse costumava ser o caso com essas pessoas que esbanjavam demais.

Isabel e Patrick passaram a viver em um pequeno chalé em Charlottetown. Uma decaída e tanto para Isabel Burnley, hein? Geoffrey Boyd torrara sua fortuna até praticamente o último centavo. Ela estava, contudo, mais feliz que em anos, a despeito dos anos de aperto que ela e Patrick vivenciaram.

Úrsula mandava dinheiro a Isabel todo mês. Isabel nunca soube de onde vinha, mas pensava que uma velha tia de Geoffrey, que parecia gostar dela, devia estar mandando. Ela nunca mais viu Úrsula Anderson... ao menos nunca mais a notou. Úrsula, por sua vez, a via com frequência.

Quando Úrsula tinha cinquenta anos e Isabel, trinta, Isabel se casou com um homem rico e foi embora para os Estados Unidos. Úrsula acompanhou sua carreira nos jornais e costurou vestidos maravilhosos para as filhas dela... as netas de Larry, que ele não sabia que existiam. Isabel sempre escrevia e a agradecia ternamente. Ela era realmente muito apegada àquela velhinha. E também queria pagá-la, mas Úrsula nunca aceitou um centavo sequer.

Úrsula não teve mais muito trabalho como costureira depois que Isabel foi embora. Trabalhara por tanto tempo para ela que perdera boa parte da clientela. Conseguira, no entanto, sobreviver até completar setenta anos, então seu sobrinho, John Anderson, a acolheu... a muito contragosto, pelo que se dizia, dos desejos de sua família. Isabel havia

Os contos dos Blythes – Volume 2

morrido àquela altura... Bem como *sir* Lawrence. Úrsula ficou sabendo da morte deles pelo jornal. Aquilo não a afetou muito. Já fazia tanto tempo que ambos lhe pareciam estranhos. Não eram o Larry que ela conhecera nem a Isabel que amara.

Ela sabia que o segundo casamento de Isabel fora feliz, e isso a alegrava. Era bom morrer antes que as sombras começassem a se espalhar.

Quanto a *sir* Lawrence, sua fama era internacional. Uma das coisas mais lindas que ele fizera, pelo que ela lera em algum lugar, fora a decoração do mural de alguma grande igreja. A beleza das mãos da Virgem nos murais era muito comentada.

"Sim, valeu a pena ter vivido", pensou a velha Úrsula enquanto o ronco de Maggie McLean ecoava e o velho cachorro se mexia inquietamente, como se sentisse alguma Grande Presença por perto.

– Não lamento por nada... Nem mesmo por ter matado Geoffrey Boyd. As pessoas deveriam se arrepender de seus pecados no final, pelo que dizem, mas não me arrependo. Foi algo natural matá-lo... como alguém teria matado uma cobra. Como o vento sopra! Larry sempre amou o vento... Será que consegue ouvi-lo de seu túmulo? Imagino que aqueles tolos na sala sintam pena de mim. Tolos! Tolos! O que é que fizeram na vida? Ninguém jamais amou Kathie como Larry me amou... Nunca alguém a amou na vida. E ninguém ama o pobre John. Sim, eles me desprezavam... Toda a família Anderson sempre me desprezou. Mas eu vivi... Ah, eu vivi... E eles nunca viveram... Ao menos nenhum da minha geração. Eu... Eu... Eu fui a única que viveu. Eu pequei... É o que o mundo diria... Cometi um assassinato... É o que o mundo diria... Mas vivi!

Ela disse aquelas palavras em voz alta e com tanta força e ênfase que a velha Maggie McLean despertou e se sobressaltou.

LUCY MAUD MONTGOMERY

Bem a tempo de ver a pobre Úrsula Anderson desfalecer. Seus olhos viveram por apenas mais um ou dois instantes após o corpo já ter morrido. Eram triunfantes e joviais. O velho cachorro ergueu a cabeça e soltou um uivo melancólico.

"Ainda bem que eu estava acordada", pensou Maggie. "Os Andersons jamais me perdoariam se eu estivesse dormindo. Cale a boca, sua velha brutamonte! Você me apavora. De alguma forma, ela parece diferente do que quando estava viva. Bem, todos temos de morrer, cedo ou tarde. Não acho, contudo, que muitos chorarão pela pobre Úrsula. Nunca houve vida nela! O que também é muito estranho. A maioria dos Andersons tem muito vigor, a despeito de todo o restante, que não tem."

Maggie desceu as escadas, ajeitando-se enquanto o fazia.

– Ela partiu – anunciou solenemente. – Morreu tranquila, como uma criança indo dormir.

Todos tentaram não parecer aliviados. Kathie acordou John com um cutucão. O doutor Parsons levantou-se apressadamente... Então tentou não parecer tão apressado.

– Bem, ela viveu sua vida. – "Que vida?", acrescentou mentalmente. – Se quiserem, posso parar no agente funerário no caminho de volta e pedir que ele venha. Suponho que vocês vão querer que tudo seja feito da maneira mais... mais... mais simples possível?

Ele conseguiu se conter a tempo para não falar "barata". Que desastre teria sido! O suficiente para arruinar sua carreira. Entretanto, será que Blythe ou Parker teriam pensado em se oferecer para chamar o agente funerário? Jamais. Eram as pequenas coisas, como essa, que contavam. Dali a dez anos, boa parte dos pacientes deles seria sua.

– Obrigada – disse Kathie solenemente.

– É muito gentil de sua parte – disse John.

Os contos dos Blythes – Volume 2

Para sua própria surpresa, John estava pensando que sentiria falta de tia Úrsula. Ninguém sabia remendar calças como ela. Mas ela passara a vida toda costurando. Não sabia fazer mais nada. Era estranho não saber onde o dinheiro que ela ganhara foi parar.

O médico saiu. A chuva cessara de vez, e a lua ocasionalmente espiava por detrás das nuvens tempestuosas. Ele perdera a noite com Zoe, mas havia a perspectiva da noite seguinte... se alguma idiota não resolvesse dar à luz. Ele pensou em toda a beleza de Zoe... E então pensou na velha Úrsula Anderson, no pavimento de cima, em sua camisola de flanela cinza. Ela estava morta.

Mas será que um dia estivera viva?

– Eu não disse que ela não podia morrer até a maré baixar? – exclamou tio Alec triunfantemente. – Vocês, jovens, não sabem de nada.

A ESTRADA PARA O PASSADO

Susette não estava efetivamente noiva de Harvey Brooks, mas sabia que, quando retornasse de sua visita a Glenellyn, estaria. Se Harvey chegara ao ponto de convidá-la para ir a Glenellyn para conhecer sua mãe, sua tia Clara e sua tia-avó Ruth, além de vários outros parentes, aquilo só podia significar uma coisa: que ele finalmente decidira se casar com ela. Não ocorrera a Harvey que outra pessoa também precisava se decidir.

E, de fato, não precisava. Susette já decidira, havia muito tempo, dizer "sim" quando ele perguntasse "você aceita?". O que mais uma editora-assistente pouco conhecida de um jornaleco provinciano poderia fazer quando Harvey Brooks decidisse desposá-la? Aceitar Harvey significava aceitar a riqueza, uma posição social, uma casa linda... e... e... o próprio Harvey. Susette fez uma careta impaciente enquanto puxava o chapéu verde sobre o bronze dourado dos cabelos.

– Você é a pessoa mais irracional que conheço – disse para si mesma. – Harvey é um ótimo partido, não apenas por quem ele era, mas também por quem ele é. Ele é... Ele é impecável. Bonito, bem-arrumado, bem-comportado, bem-sucedido. O que mais você quer, Susette King? Você, que corria por uma fazenda em Glen St. Mary descalça até completar doze anos e agora, aos vinte e oito, está tentando enganar o mundo e a si mesma fingindo ter uma carreira? Deveria simplesmente estar nas nuvens de alegria ao pensar que Harvey Brooks... *O* Harvey Brooks, que sempre deveria estar ocupado demais ganhando dinheiro com suas raposas negras para conseguir encontrar tempo para o amor, mas que deveria, pelo que se esperava, escolher uma condessa para tal... acabou se apaixonando por você, para o terror da família dele.

De todo modo, ela até gostava de Harvey. Adorava o que ele poderia lhe oferecer e iria se casar com ele. Em sua cabeça, não havia dúvida quanto a isso, enquanto seguia para Glenellyn naquela tarde, no próprio automóvel. Mesmo assim, estava um pouquinho nervosa. Era uma espécie de provação ser avaliada pela família de Harvey, que se tinha na mais alta estima. E, no instante em que avistou Glenellyn, ela detestou.

A senhora Brooks a menosprezou, e tia Clara lhe deu um beijo. Susette não esperava por isso. Pareceu uma inclusão rápida demais... e inescapável demais... na família. O restante dos moradores da casa (a maioria, parentes de Harvey) apertou sua mão diligentemente e quase com amabilidade. No geral, a despeito do beijo de tia Clara, ela sentia que eles não a aprovavam de fato.

Tia Clara, que tinha a reputação de dizer as coisas mais venenosas do jeito mais doce possível, perguntou se ela não estava cansada após o dia de trabalho duro em um escritório abafado.

– Vejamos... É no *Enterprise* que você trabalha? Trata-se de um jornal supostamente conservador, não é?

– Não... independente – respondeu Susette. Seus olhos verdes brilharam perversamente.

A senhora Brooks teria suspirado se fosse humana a esse ponto. Não confiava em mulheres de olhos verdes. A senhora Gilbert Blythe tinha olhos verdes, e ela nunca gostara dela.

– Harvey – disse Susette durante o almoço, no dia seguinte –, vou me ausentar nesta tarde. Pegarei meu carro e darei um passeio na estrada para o passado. Em outras palavras, vou visitar uma antiga fazenda em Glen St. Mary, onde costumava passar os verões quando criança.

– Vou com você – respondeu Harvey.

– Não – Susette meneou a cabeça. – Quero ir sozinha. Reencontrar antigas memórias. Você ficaria entediado.

Harvey franziu a testa de leve. Não entendia esse desejo de Susette e, quando não entendia algo, não aprovava. Por que Susette iria querer fugir de sua casa para partir sozinha em uma excursão maluca e misteriosa para Glen St. Mary? A inclinação rebelde no belo queixo de Susette, no entanto, o alertou de que era inútil protestar.

Ela inspirou fundo enquanto passava pelos portões de Glenellyn. Havia uma estrada maravilhosa diante dela. Não era uma via reta. Uma estrada reta era uma abominação para Susette, que adorava curvas e declives.

Ela se perguntou o que teria acontecido com todos os primos de segundo e terceiro graus que costumavam se divertir a valer na fazenda com ela. E os Blythes e os Merediths, que passavam boa parte do tempo lá. Ela perdera contato com todos eles... esquecera todos eles, exceto Letty, sua parceira de todas as horas, e Jack Bell, tão rígido e obtuso que seu apelido era Tonto... e Dick. Jamais poderia esquecer Dick, o valentão, tagarela e fofoqueiro. Ela o odiava. Todos o odiavam. Ela se lembrava de como ele costumava brigar com o jovem Jem Blythe, que se parecia muito com o pai, que também se chamava Jem, em seu gosto por uma boa briga, se a causa fosse justa.

"Ele era um porco!", lembrou Susette. "Se fosse feio, até seria possível perdoar. Mas *era* um garoto bonito. Tinha belos olhos... Olhos cinza grandes e endiabrados. O que será que aconteceu com ele? Deve estar casado, é claro. Precisaria ter uma esposa para reprimir assim que pudesse. Ah, adoraria encontrar Dick novamente e dar um tapa na cara dele... Como Di Blythe fez, certa vez."

Nuvens grandes haviam surgido no céu quando Susette finalmente passou pelo tão recordado portão da fazenda em Glen St. Mary. Seu coração palpitou ao ver as mesmas estacas na entrada. A antiga casa continuava lá, igualzinha... O velho gramado, o velho jardim, o brilho da lagoa em meio aos velhos abetos escuros. Tudo estava podado e em ordem, então era evidente que Roddy, ou alguma outra pessoa, ainda vivia ali. Mas era igualmente evidente que o local estava temporariamente vazio. Por certo, um temporal se aproximava, e, se ela não conseguisse entrar na casa, não teria outra escolha a não ser retornar rápido a Glenellyn.

Ela estava prestes a, lamentavelmente, dar meia-volta quando um homem jovem apareceu no canto da casa e parou para olhar para ela. Trajava um uniforme das forças aéreas e fazia catorze anos que ela não o via.

– Ora, Dick... Dick – disse ela.

Ela correu até ele com as mãos estendidas. Estava feliz por ver até mesmo Dick. Por mais odiável que ele fosse, ainda fazia parte da velha vida que havia, subitamente, se tornado tão próxima e real outra vez.

Dick pegou as mãos dela e a puxou um pouco mais perto. Olhou dentro de seus olhos verdes, e Susette sentiu uma excitação estranha, que nenhum olhar de Harvey jamais a fizera sentir.

– Deve ser Susette... Susette King – disse Dick lentamente. – Ninguém mais teria esses olhos. Sempre me fizeram pensar nos da senhora Blythe.

– Sim, sou a Susette. Estou hospedada em Glenellyn... a residência de verão dos Brooks, você sabe.

– Sim, eu sei. Todos conhecem Glenellyn.

Ele parecia ter se esquecido de soltar as mãos dela.

– Quando descobri que era tão perto daqui, precisei vir. Acho que esperava encontrar todo o pessoal, e quem sabe alguns dos Blythes. Mas parece não haver ninguém em casa. Quem mora aqui agora? De onde você saiu, Dick?

Susette estava tagarelando simplesmente porque não sabia o que acontecera com ela e estava com medo de descobrir. Mas se lembrou de que odiava Dick... todos odiavam Dick... e recolheu as mãos.

– Roddy e a esposa moram aqui. Estou hospedado com eles há alguns dias... Antes de retornar para minha estação. Estou servindo no porta-aviões, sabe, e parto amanhã. Não parti nesta manhã por muito pouco. Graças a qualquer Deus que exista, não fui.

Algo pipocou na memória de Susette. Dick, certa vez, a beijara contra sua vontade, e ela dera um tapa no rosto dele por causa disso. Não sabia por que seu rosto ficara corado com a lembrança. Ou por que aquilo deixara, repentinamente, de ser uma humilhação revoltante. Quando Jem Blythe queria irritá-la, costumava provocá-la com essa história.

– Eu também deveria agradecer a eles – comentou ela, rindo –, porque, já que está hospedado aqui, provavelmente você pode me deixar entrar na casa se começar a chover. *Realmente* quero dar uma volta por aí, agora que estou aqui, mas não ousaria ficar por medo de um temporal.

– Você sempre teve uma bela risada, Susette – disse Dick. – Ninguém da turma tinha uma risada igual a sua... exceto, talvez, Di Meredith. E seus olhos... de que cor são, exatamente? Nunca consegui definir... É claro que é difícil fotografar a luz cinza-esverdeada das estrelas. Eu costumava pensar que se pareciam um pouco com os da senhora Gilbert Blythe.

"Que você detestava", pensou Susette. "Você não fazia discursos tão belos assim naquele tempo." Ao mesmo tempo... tudo parecia estar acontecendo simultaneamente naquela tarde maravilhosa... parecia ser muito importante, para Susette, que Dick soubesse que ela sempre o odiara... sempre o odiaria.

– Lembra-se de como costumávamos brigar? Como eu o detestava? Como todos nós o detestávamos?

– Certamente não nos entendíamos muito bem quando éramos crianças – admitiu Dick. – Mas... seja justa agora, Susette, eu era o único culpado?

– Era, sim – afirmou Susette com veemência... Com muito mais veemência que o necessário. – Você sempre fazia as coisas mais cruéis. Lembra-se de quando me empurrou naquele canteiro de urtigas e arruinou meu vestido de *chiffon* cor-de-rosa? E de quando zombou das minhas sardas na frente de todos? E de quando queimou minha boneca no poste? E de quando encheu o casaco do pobre Bruno com rebarbas? E... E...

– Quando a beijei? – sugeriu Dick com um sorriso travesso.

– E lembra-se do murro que dei no seu nariz por causa disso? – exclamou Susette com gosto. – Como você sangrou!

– É claro que eu era um monstrinho naqueles dias... Mas já faz muito tempo. Esqueça, apenas por esta tarde, que você me odeia... Embora prefira que você me odeie, em vez de simplesmente não pensar em mim. Vamos dar um passeio por todos os velhos lugares. Se você não gosta de mim, não precisa fingir.

– Eu realmente deveria voltar, sabe? – disse Susette, suspirando. – Vai chover, e Harvey ficará chateado.

– Quem é Harvey?

– O homem com quem vou me casar – respondeu Susette, perguntando-se por que se sentia tão ávida para que Dick soubesse daquilo.

Dick assimilou a novidade lentamente. Então...

– Ah, é claro... O grandalhão das raposas. Mas você não está usando aliança... Foi a primeira coisa em que reparei.

– Não... Não está totalmente selado ainda – explicou Susette, gaguejando. – Mas será nesta noite. Ele pedirá minha mão em casamento nesta noite. Foi justamente por isso que escapuli hoje. Eu acho...

– É claro que já ouvi falar do grande homem das raposas. Todos ouviram – comentou Dick lentamente. – Bem, ele tem uma grande vantagem sobre mim, mas um trabalhador dedicado pode fazer maravilhas em uma tarde, como Jem Blythe costumava dizer.

– Não fale besteira – retrucou Susette secamente. – Vamos caminhar. Quero ver o que conseguir antes que chova. Estou contente que a fazenda não tenha mudado muito. Até mesmo as velhas pedras pintadas de branco em torno dos canteiros de flores são as mesmas.

– Susette, você é, sem sombra de dúvida, a criatura mais maravilhosa que já vi – afirmou Dick.

– Você diz isso a todas as garotas meia hora depois de tê-las conhecido? Lembre-se que há muito já cruzei a fronteira das velhas solteironas.

Lucy Maud Montgomery

– Se um dia tivesse pensado em dizer, eu diria... Mas nunca me aconteceu antes. Decidi, faz pouco tempo, que sempre direi o que realmente estou pensando no momento em que o pensamento vier à minha cabeça. A senhora Ken Ford, certa vez, disse que o fazia. Você não faz ideia do vigor que isso confere à vida. E as coisas acabam se perdendo quando você não as diz.

– Receio que seja verdade.

Susette se perguntou o que aconteceria se dissesse tudo o que pensava... Exatamente quando pensava... para Harvey. E se perguntou por que não gostava muito das referências frequentes de Dick aos Blythes e aos Merediths. Ele costumava detestá-los antigamente.

– Além disso, não faz meia hora que a conheço... Faz anos. Somos primos de segundo grau, não somos? E velhos am... inimigos. Então, por que eu não deveria dizer que você é maravilhosa, linda e totalmente encantadora, com cabelos da cor do sol batendo nos velhos pinheiros e olhos como aquela lagoa lá embaixo ao amanhecer e pele como uma pétala de rosa?

– Lembra-se da vez em que você apontou todos os meus defeitos para toda a turma? – retrucou Susette. – Você disse que meus cabelos eram como um maço de palha seca e que eu tinha os olhos de um gato e um milhão de sardas. Jem Blythe derrubou-o no chão por causa disso – recordou ela, sentindo gratidão por Jem Blythe.

– Minha nossa, lá vai você novamente – grunhiu Dick. – Por que não pode deixar o passado no passado?

"Por que será?", perguntou-se Susette. Por que sentia que precisava ressuscitar essas coisas? Lembrar-se de como Dick era detestável? Por que não podia se permitir esquecer nem por um segundo? Porque ele não podia ter realmente mudado. As pessoas não mudavam.

Ele tinha apenas aprendido a disfarçar sua crueldade com certo charme amistoso, graças à aparência inegavelmente bela. De repente, Susette sentiu-se em pânico. Precisava retornar a Glenellyn antes... Bem, antes que chovesse.

– Você não pode – disse Dick. – Esse foi o primeiro trovão. Seja sensata e entre na casa até o temporal passar. Então, poderemos terminar nosso passeio. Lá está a enorme rocha na qual Anne Blythe caiu quando despencou da macieira. Lembra-se de como ficamos morrendo de medo de que ela estivesse morta?

Será que ele não conseguia se lembrar de alguma coisa além daquelas odiosas meninas Blythes? Ela simplesmente ignoraria suas referências.

– São cinco horas agora – protestou ela. – Se eu não partir imediatamente, chegarei atrasada para o jantar.

– Posso lhe preparar algo para comer. Anne Blythe me ensinou a cozinhar...

– Não posso acreditar! Anne sempre o detestou! – exclamou Susette, esquecendo-se de sua resolução.

Dick sorriu.

– Anne e eu éramos bem mais amigos do que você sabia, embora sempre brigássemos em público. De toda forma, voltar para Glenellyn com um temporal a caminho está fora de cogitação. Você sempre foi destemida como um diabrete, pelo que ouvi dizer, mas isso é algo que simplesmente não a deixarei fazer. Você sabe como ficam as estradas da ilha quando chove.

Susette se rendeu. Sabia que não conseguiria vencer aquela estrada sinuosa em uma tempestade... Já seria difícil o bastante depois da chuva. Além disso, queria dar um susto em Harvey uma vez na vida, como uma espécie de protesto de morte. Ademais, sentia que ainda não conseguira fazer Dick perceber que ela o odiava tanto quanto antes. E não sairia daquela fazenda até terminar o trabalho.

Eles entraram na casa. Estava mudada... novos móveis... novas cortinas... novos tapetes... nova tinta. Mas os antigos cômodos permaneciam iguais. Susette passou por todos eles enquanto Dick fazia algo na cozinha. Quando ela retornou à sala de estar, que costumava ser o salão de visitas, a chuva escorria aos montes nas janelas, e os trovões retumbavam no céu. Costumeiramente, Susette gostava de tempestades. Ela se perguntou se Harvey ficaria preocupado. Não achava que tia Clara se preocuparia.

Dick veio da cozinha carregando uma bandeja com um pote de chá, um prato de torradas e um pote de geleia. Ele foi até o armário do canto e pegou a louça... o velho conjunto acanelado de tia Marian, com o botão de rosa na lateral, e a jarrinha marrom com arabescos bege.

– Lembra-se de que Di Blythe deu este aqui a ela para substituir aquele que ela quebrou?

Que memória ele tinha quanto a tudo relacionado à família Blythe! Mas Susette afastou isso da mente com determinação.

– Oh – suspirou. – Esta torrada está divina.

– Tive uma boa professora, não esqueça – respondeu Dick, sorrindo. – Vamos até a mesa para comer juntos. Não se esqueça de elogiar meu chá. Sou especialista em fazer chá.

– Suponho que Anne Blythe o tenha ensinado – Susette não conseguiu deixar de dizer.

– Ela me deu algumas sugestões. Mas sempre tive um talento natural.

– Presunçoso como sempre.

Entretanto, ela se sentou à mesa obedientemente. O chá estava bom, assim como a torrada; parecia difícil pensar em Dick fazendo torrada.

A geleia, evidentemente, fora feita segundo a famosa receita da velha Susan Baker. Toda a vizinhança de Glen St. Mary a conhecia.

– Uma jarra de chá, uma casca de pão e *tu* – declamou Dick atrevidamente.

Susette se recusou, temporariamente, a ressentir-se. Mas por que, oh, por quê?, precisava ser tão maravilhoso estar sentada naquela sala parcamente iluminada, tomando chá e comendo torradas com o detestável Dick?

– É melhor eu telefonar para Glenellyn – comentou baixinho.

– Não é possível. Esta linha nunca funciona durante os temporais. Se fosse Harvey Brooks, estaria revirando a região à sua procura. Susette, algum pobre-diabo já lhe disse que a maneira como você o encara por cima do ombro o deixa completamente enlouquecido? Supera até mesmo o famoso sorriso de Rilla Ford.

– Você se lembra – disse Susette lentamente – de como, quando íamos brincar de Robinson Crusoé, você não permitia que eu fosse o Sexta-Feira porque era menina?

– E eu estava certo! Como Crusoé poderia ter um Sexta-Feira que o distraísse como você? Eu estava sendo racional. Lembro-me de que os Blythes concordavam comigo.

"Se mencionar um Blythe novamente, vou jogar aquele jarro na cabeça dele", pensou Susette.

Muito tempo depois, talvez fossem horas... meses... anos, Susette despertou para o fato de que, embora os trovões e os relâmpagos tivessem cessado, a chuva continuava a cair a cântaros, como se pretendesse continuar por dias a fio. Ela olhou para o relógio e exclamou, desesperada:

– Seis e meia! O jantar será servido em meia hora em Glenellyn. Nunca conseguirei chegar lá!

– Acho que não conseguiria mesmo – concordou Dick. – Tenha bom senso, Susette. A estrada daqui estará completamente intransitável para aquele seu automóvel pequenino. Você não pode retornar nesta noite. Terá de ficar aqui.

– Besteira! Não posso ficar aqui. Preciso telefonar... Harvey virá me buscar, de alguma forma...

– Tente telefonar...

Susette tentou. Não houve resposta. Ficou parada por alguns instantes diante do telefone, perguntando-se por que não se importava.

– Eu... Eu não sei o que fazer – confessou em tom miserável. – Ah, sei que seria loucura tentar voltar com esse tempo... Mas preciso estar no escritório amanhã de manhã e... e...

– E quanto ao pedido de casamento de Harvey, até lá? – indagou Dick, sorrindo. – Deixe isso para lá, Susette. Haverá outros pedidos. Eu mesmo farei um pela manhã. Serei constrangedor... Não tenho experiência alguma... Mas direi o que precisa ser dito. Estive perto de pedir a mão de Di Meredith, certa vez, mas, de alguma forma, nunca tive certeza de que queria. Agora, sei por quê.

Susette sentou-se, furiosa, porque parecia não haver mais nada a fazer. Dick acendeu as velas sobre a lareira, informando a ela que o doutor e a senhora Gilbert Blythe as haviam dado a Roddy e sua esposa, e cruzou uma perna longa sobre a outra. Não fez mais nenhum elogio a Susette, nem a importunou em relação a Harvey, nem referenciou os Blythes ou os Merediths sem parar. Falou a noite toda sobre aviação e sobre a Força Aérea Real do Canadá. Susette ouviu atentamente. Quase se esqueceu, até estar em meio aos lençóis com cheiro de lavanda do quarto de hóspedes da senhora Roddy, no canto sudeste do pavimento superior da casa, de que odiava Dick.

Os contos dos Blythes – Volume 2

– Pense – disse a si mesma desesperadamente – em como ele costumava importunar os outros garotos... Em como, certa vez, torceu o braço de Jack para fazê-lo se desculpar... Em como disse a tia Marian que fora Jack quem roubara a torta... o que fizera com o filhote de gato...

Aquela lembrança era insuportável. Susette afundou a cabeça no travesseiro e grunhiu. Ficou feliz em se lembrar de que Jem Blythe fizera com ele por causa daquilo. Mesmo assim, a lembrança era insuportável. Ela o odiava... Ela o odiava... Ela se levantaria cedinho pela manhã e escapuliria antes de vê-lo novamente.

De repente, Susette sentou-se na cama e sacudiu as pequenas mãos brancas no escuro. Acabara de se lembrar do que acontecera com suas sensações quando seus dedos por acaso tocaram os de Dick quando ele lhe passara a segunda xícara de chá.

– Não me apaixonarei por ele! Não me apaixonarei! Não me apaixonarei!

Ela estava horrorizada. Quando colocava o perigo em palavras, aquilo a aterrorizava. Não havia nada a ser feito além de uma fuga cedo pela manhã, de volta para a segurança, para a sanidade e... e para Harvey.

Quando Susette acordou, sabia de algo de que não tinha consciência quando fora para a cama. Só estava com medo de saber. Saiu da cama com a maior delicadeza e foi até a janela, na ponta dos pés. O sol ainda não estava visível, mas todo o céu da manhã atrás do morro de abetos ao leste estava rosado, com nuvens delgadas esparramadas por ele. Pequenas ondas agitavam a lagoa verde. O horizonte estava tomado pelas névoas azuis. Susette sabia que precisava partir imediatamente por aquelas lindas névoas matinais ou estaria perdida.

Rápida e silenciosamente, ela se vestiu. Rápida e silenciosamente, desceu as escadas, abriu a porta da frente e saiu. Olhou ao redor e prendeu a respiração, deleitada. O sol nascera, e um novo e adorável mundo, com o rosto lavado, piscava os inocentes olhos de bebê para ele. Ela não vira todos os lugares que amava. Será que não daria tempo de dar uma espiada na lagoa? Dick só se levantaria dali a uma hora.

Ela partiria em uma corrida secreta nesse mundo dourado. Escapuliria até a lagoa pela antiga trilha, com o vento como companheiro galante. O gramado banharia seus pés com sua frieza verdejante, e a água cantaria para ela... apenas uma vez, antes de voltar para Harvey.

Quando ela estava quase na lagoa, uma fragrância suspeita chegou a suas narinas. Antes que percebesse a verdade, já passara pelas árvores e avistara Dick agachado ao lado de uma fogueira, fritando toucinho, com uma jarra de café ao lado. Uma toalha de mesa estava aberta no chão e... *O que* havia nela? Morangos silvestres! Morangos silvestres sobre uma folha verde! Havia quanto tempo ela não comia morangos silvestres, muito menos daqueles que cresciam na fazenda? Ela se lembrou, como em um sonho, que Jem Blythe sempre dissera conhecer um lugar secreto onde as frutas eram maiores e mais doces que em qualquer outro lugar.

Dick acenou um garfo com um pedaço de *bacon* em sua direção.

– Boa menina! Eu estava prestes a ir chamá-la. Precisamos começar o dia cedo para chegarmos à cidade a tempo. Além disso, não queria que você perdesse a chance de banhar sua alma na alvorada, como Anne Blythe costumava dizer. Veja o que eu trouxe para você... Encontrei o antigo lugar secreto de Jem Blythe na pastagem dos fundos. Que sorte incrível! Esta fazenda, no entanto, sempre foi conhecida pela boa sorte. Além disso... Veja... Várias daquelas aquilégias que você adorava. Escolha um lugar macio naquela pedra e sente-se.

Susette obedeceu. Sentia-se um tanto zonza. Dick lhe serviu café e a alimentou com *bacon* e morangos silvestres. Nenhum dos dois falou muito. Havia porções de cores lindas na lagoa, com pequenos pontos de sombra translúcida aqui e ali. Grandes montanhas brancas, com seus vales âmbar, erguiam-se no céu de Glen St. Mary. Ela supunha que, em breve, Dick as estaria sobrevoando. A ideia a levou à insensatez de perguntar a ele o que estava pensando.

– Estava me perguntando o que aconteceria se eu a chamasse de "querida" de repente – respondeu ele solenemente.

– Eu iria embora, é claro – respondeu Susette. – Estou indo, de toda forma. Não podemos ficar sentados aqui para sempre.

– Por que não? – questionou Dick.

– Essa é uma pergunta boba à qual certamente não se deve responder – respondeu Susette, levantando-se.

Dick também se levantou.

– Eu responderei. Não podemos ficar sentados aqui para sempre, por mais divino que seria, porque a próxima leva de soldados parte depois de amanhã. Não temos muito tempo para conseguir uma licença especial e nos casarmos.

– Você enlouqueceu – disse Susette.

– Você se lembra da citação preferida de Walter Blythe? É engraçado como os Walters da família tinham tendência para a poesia. Ouvi dizer que o tio dele seria famoso se não tivesse ficado na França naquela última investida. De toda forma, é infeliz a família que não tem um único louco. Nunca fui muito de poesia, mas alguém não escreveu algo assim? Tenho certeza de que ouvi Walter recitar: "Há um prazer indubitável em ser louco, que ninguém além dos loucos conhece".

– Nunca fui tão íntima dos Blythes como você parece ter sido – respondeu Susette friamente.

– Uma pena. São uma família maravilhosa.

– E vou para a casa pegar o carro e voltar logo para Glenellyn – afirmou Susette com firmeza.

– Sei que é isso que pretende fazer, mas não demorará muito para mudar de ideia.

Susette olhou ao redor, sentindo-se impotente. Então, por acaso olhou para Dick. No instante seguinte, viu-se envolta em seus braços e sendo beijada... Um beijo longo, selvagem, feroz, de tirar o fôlego.

– Minha querida... alegria... deleite... maravilha. Não fique tão zangada, meu bem. Não sabe que, quando você olha para um homem daquele jeito, está simplesmente pedindo que ele a beije? Você é minha, Susette. Eu a tornei minha com esse beijo. Você nunca mais poderá pertencer a nenhum outro.

Susette permaneceu imóvel. Sabia que aquele era um desses raros momentos esplêndidos da vida. Sabia que jamais se casaria com Harvey.

– Estaremos a caminho de Charlottetown em quinze minutos – disse Dick. – Levarei um tempo para guardar a frigideira da senhora Roddy e trancar seu carro no celeiro.

Susette voltou ao quarto para pegar o relógio, que deixara debaixo do travesseiro. Supunha estar enfeitiçada... literalmente enfeitiçada. Nada mais poderia explicar. Ela se lembrou de que o doutor Gilbert Blythe fora motivo de riso porque dissera, certa vez, que algo assim poderia existir, na época das aventuras na velha propriedade dos Fields. Quem dera ela pudesse esquecer o gatinho! No entanto, tantos garotos são cruéis na infância...

Quando voltou à lagoa, em um primeiro momento, não conseguiu avistar Dick em lugar nenhum. Então, ela o viu parado a alguns metros dali, sob a sombra de alguns abetos. Ele estava de costas para ela, com um esquilo vermelho empoleirado no ombro. Ele o estava alimentando, e o esquilo parecia conversar com ele.

Susette ficou imóvel. Sabia de outra coisa agora. E teria corrido se Dick não tivesse se virado naquele instante. O esquilo saltou magistralmente para as árvores, e Dick veio caminhando em sua direção.

– Viu aquele bichinho? E lembra-se de como Jem Blythe costumava adorar os esquilos? Eles também sempre foram afeiçoados a mim... os seres de pele e de penas.

– *Você não é Dick* – afirmou Susette em tom grave, olhando para ele.

Dick parou.

– Não – confirmou ele. – Não sou. Estava me perguntando como iria lhe contar. Mas como descobriu?

– Quando vi o esquilo em seu ombro. Animais sempre odiaram Dick... Ele era muito cruel com eles. As pessoas não mudam tanto assim. Nenhum esquilo jamais teria subido no ombro dele... Era por isso que os Blythes o odiavam tanto. Posso perguntar quem você realmente é?

– Tendo prometido se casar comigo, você tem o direito de saber – respondeu ele, calmo. – Sou Jerry Thornton, primo de segundo grau de Dick, do lado de tia Marian, mas sem parentesco nenhum com você. Morávamos em Charlottetown, mas estive aqui em um ou dois verões em que você não esteve. Fiquei sabendo de tudo sobre você pelos outros... Especialmente pelo Jem, que era um grande amigo meu e nutria uma paixonite de infância por você, na época. E lembre-se de que você me chamou de "Dick" primeiro. Receei que, se lhe contasse a verdade, você não ficaria tempo suficiente para que eu a fizesse se apaixonar por mim. Pensei que teria uma chance melhor como Dick... Embora você

tivesse um ressentimento e tanto por ele. Sempre fomos parecidos...
Nossas avós são irmãs... Mas juro por Deus que nossa semelhança não
passa disso. Além disso, Dick está casado... bem como boa parte da antiga turma.

– Imaginei que estivesse – disse Susette.

Jerry olhou para ela, um tanto ansioso.

– Um detalhezinho como esse não fará diferença, não é, Susette?

– Não sei por que faria – respondeu Susette. – Mas me diga duas
coisas antes. Primeiro, como sabia que Dick já havia me beijado?

– Como se qualquer garoto não fosse beijá-la se tivesse a chance!
– respondeu Jerry, bufando.

– E como você sabia que eu adorava aquilégias?

– Todo mundo adora aquilégias – ponderou Jerry.